Band 0121 Falken Bücherei

MARTIN JUNG

ROULETTE RICHTIG GESPIELT

SYSTEMSPIELE, DIE VERMÖGEN BRACHTEN

FALKEN-VERLAG ERICH SICKER KG · WIESBADEN

ISBN 3-8068-0121-5

Gesamtherstellung: Neuwieder Verlagsgesellschaft mbH. Neuwied

Inhaltsverzeichnis

		Seite
Roulette-Terminologie		9
Die Spielregeln		12
Das Systemspiel		14
Spielsystem Nr. 1	„Die Rente“	15
Spielsystem Nr. 2	„Die Schaukel“	19
Spielsystem Nr. 3	„Phönix“	24
Spielsystem Nr. 4	„Evolution“	32
Favoritensuche		39
Spielsystem Nr. 5	„Angriff auf Favoriten“	43
Spielsystem Nr. 6	„Numéros pleines“	47
Spielsystem Nr. 7	„Methode Garcia“	56
Spielsystem Nr. 8	„Methode Jung“	62
Spielsystem Nr. 9	„Die 24 Nummern“	69
Spielsystem Nr. 10	„Magnet“	73
Spielsystem Nr. 11	„Verschärftes Paroli“	84

Vorwort

Es gab eine Zeit, in der die Beschäftigung mit der Roulette als etwas Anrüchiges galt. Zumindest sah man in ihr nichts anderes, als eine Art exklusive Zerstreuung, die eben nur reichen Nichtstuern zustand. Derartige Ansichten auf die heutigen Spielbankbesucher anzuwenden, wäre eben so falsch wie lächerlich.

Als nach dem letzten Krieg die ersten deutschen Casinos ihre Pforten öffneten, mag vielleicht bei manchem Besucher das erschütterte Vertrauen in die Stabilität materieller Werte der Anlaß gewesen sein. sich an den Spieltisch zu setzen.

Auch diese Zeit ist vorbei.

Das Gros der heutigen Spielbankbesucher betrachtet dieses Spiel nicht als Nervenkitzel, sondern als Kampf des Intellektes gegen den Zufall. Wer sich mit dem Rouletteproblem eingehend befaßt hat, weiß, daß er mit seinem Verstand den Ablauf der hier wirkenden physikalischen Gesetze weder aufhalten noch abändern kann. Es wäre nicht nur töricht, sondern auch gefährlich, diese Tatsache zu ignorieren. Deshalb wird der einsichtsvolle Spieler versuchen, diese Gesetze sich dadurch nutzbar zu machen, daß er ihnen das Primat in allen seinen Berechnungen konzediert.

Wer nicht davon abläßt, gefühlsmäßig oder „auf gut Glück" zu spielen, wird, auch wenn er gelegentliche Erfolge erzielt, nicht verhindern können, daß er im Endeffekt immer Verlierer bleibt.

Nicht mehr als ein mitleidvolles Lächeln verdient jene Gruppe von Spielern, die einen Weg zur Lösung des Rouletteproblems im Okkulten und in kabbalistischer Mystik sieht.

Was der Verfasser in diesem Buch an Beobachtetem und Errechnetem bietet, wurde sorgfältig erwogen und über große Spielabschnitte geprüft. Nicht nur als Vademekum für den Neuling gedacht, wird es auch dem versierten Spieler neue Möglichkeiten aufzeigen.

Berlin, im Februar 1956 **Der Verfasser**

Roulette-Terminologie

Wer mit dem Spiel noch nicht genügend vertraut ist, findet in diesem Abschnitt alle vorkommenden Roulette-Fachausdrücke ausführlich erläutert.

Carré

Vier Nummern des Tableaus. Der Satz wird auf den Schnittpunkt der Trennlinien gemacht. Gewinnauszahlung: das 8-fache des Einsatzes.

Cheval

Zwei Nummern des Tableaus. Der Satz wird auf die Trennlinie gemacht. Gewinnauszahlung: das 17-fache des Einsatzes.

Chips oder Jetons

Die beim Spiel verwendeten Spielmarken.

Dynamisches Spiel

Eine Spielart, bei der die Satzhöhe nach jedem Coup geändert wird.

Ecart

Die Punktdifferenz die dadurch entsteht, daß eine Chance hinter der Gegenchance zurückbleibt. Wenn z. B. von 10 Coups Rot 6 mal und Schwarz 4 mal erscheint, so ergibt sich für Schwarz ein Minus-Ecart von 2 Punkten.

Einfache Chancen

Die Setzfelder Rot, Schwarz, Pair, Impair, Passe, Manque. Gewinnauszahlung: das 1-fache des Einsatzes.

ET-Satz

Abkürzung für Einfache Chance - Transversale. Dieser Satz ist bei vielen Systemspielen von Wichtigkeit. Er ermöglicht es, mit wenigen Stücken 24 Nummern zu spielen, nämlich, entweder die Nummern von 1 bis 24, oder die Nummern von 13 bis 36. Bei dem ET-Satz müssen immer 75 % des Setzbetrages auf die Einfache Chance und 25 % auf die entsprechende Transversale simple gesetzt werden. Will man z. B. mit 4 Stücken alle Nummern von 1 bis 24 spielen, so setzt man 3 Stücke auf Manque und 1 Stück auf die Transversale 19 bis 24. Sollen die Nummern 13 bis 36 gespielt werden, so sind 3 Stück auf Passe und 1 Stück auf die Transversale 13 bis 18 zu setzen.

Der versierte Spieler wird den ET-Satz immer dem Zwei-Dutzend-Satz vorziehen, weil beim Erscheinen von Zéro der Dutzendsatz total verliert, während beim ET-Satz die Möglichkeit besteht, 75 % des gesetzten Betrages ganz oder teilweise zu retten.

Equilibre

Ausgleich im Erscheinen der einzelnen Chancen. Wenn z. B. bei einer bestimmten Anzahl Coups zwei gegenteilige Chancen gleich oft erschienen sind. Gegenteil von Ecart.

Gagnante

Die gewinnende Chance.

Impair

Die 18 ungraden Nummern des Tableaus. Gewinnauszahlung: das 1-fache des Einsatzes.

Intermittieren

Wechselnder (pendelnder) Spielverlauf.

Kessel

Die Vertiefung des Roulette-Apparates mit der rotierenden Zahlenscheibe, in manchen Ländern auch Diskus genannt.

Manque

Alle Nummern von 1 bis 18 des Tableaus. Gewinnauszahlung: das 1-fache des Einsatzes.

Martingale

siehe Progression.

Masse

Ein Fachausdruck der Croupiers für die mit dem Rateau eingezogenen verlorenen Sätze.

Masse-égale-Spiel

Eine Spielart, bei der jeder Coup, ganz gleich ob der vorhergehende Gewinn oder Verlust brachte, mit gleichhohen Sätzen weitergespielt wird. Gegensatz zum Paroli- oder zum Progressionsspiel.

Pair

Die 18 graden Nummern des Tableaus. Gewinnauszahlung: das 1-fache des Einsatzes.

Paroli

Bei diesem bleiben Satz und Gewinn eines Coups für das nächste Spiel stehen.

Passe

Alle Nummern von 19 bis 36 des Tableaus. Gewinnauszahlung: das 1-fache des Einsatzes.

Permanenz

Darstellung des Spielverlaufes durch aufgezeichnete Nummernfolge.

Plein

Eine einzelne Nummer des Tableaus. Gewinnauszahlung: das 35-fache des Einsatzes.

Prison (en prison)

Nach dem Erscheinen von Zéro gehen alle Sätze auf den Einfachen Chancen „en prison“ d. h., sie verlieren die Hälfte ihres Wertes und werden gesperrt. Dies wird vom Croupier dadurch markiert, daß er die Sätze an den Außenstrich der Einfachen Chancen rückt.

Progression

Verdoppeln resp. Erhöhen des Satzes nach einem verlorenen Coup.

Quatre premiers

Die ersten vier Nummern des Tableaus 0, 1, 2, 3. Gewinnauszahlung: das 8-fache des Einsatzes.

Rateau

Die von den Croupiers zum Ansetzen der Spielmarken, zum Abziehen der verlorenen Sätze und zum Auszahlen benutzte Harke. Außerdem stehen an jedem Tisch einige kleinere Rateaux den Spielern zur Verfügung.

Tableau

Die auf dem grünen Tuch des Roulettetisches aufgezeichneten Setzfelder.

Transversale einfach, (simple, Sixain)

Sechs aufeinanderfolgende Nummern des Tableaus, z. B. 1 bis 6, 4 bis 9 usw. Gewinnauszahlung: das 5-fache des Einsatzes.

Transversale pleine

Drei aufeinanderfolgende Nummern des Tableaus, z. B. 4 bis 6, 7 bis 9 usw. Gewinnauszahlung: das 11-fache des Einsatzes.

Die Spielregeln

Die Spielregeln, von denen hier die Rede ist, sind aus der Erfahrung gewonnene Erkenntnisse über das allgemeine Verhalten beim Roulettespiel.

Es genügt nicht, die Setz- und Progressionstechnik zu beherrschen. Dieser Tatsache wird sich so mancher Spieler erst dann bewußt, wenn es zu spät ist, d. h., wenn er in einen nicht aufzuholenden Verlust geraten ist.

Es gibt Spieler, die glauben, sie könnten solchen Erwägungen auf eine bequeme Art aus dem Wege gehen.

Ich denke dabei an jenen Mann, der, sobald er den Spielsaal betritt, scharf aufpaßt, an welchem Tisch ein sogenannter Glückspilz sitzt. Hat er einen solchen entdeckt, so setzt er dessen Sätze einfach nach in der Annahme, daß das Spiel weiterhin günstig verlaufen wird. Von einem solchen Verfahren ist auf jeden Fall abzuraten. Denn zunächst sieht es kein Spieler gern, wenn an seiner Gewinnsträhne Nachsetzer partizipieren. Er wird versuchen, sie abzuschütteln indem er spät setzt, oder er wird im letzten Moment seine Sätze abändern. Wir sehen also, der Nachsetzer hat den Gewinner, wie es in der Roulettesprache heißt, „aus dem Tritt gebracht". Der Mann, der sich das Gewinnen leicht machen wollte, partizipiert nun nicht mehr an der Gewinnsträhne des andern, sondern an dessen entstandener Unsicherheit.

Beim Roulettespiel führt Unsicherheit in fast allen Fällen zum Verlust. Es sollte sich also jeder Spieler vor dem Betreten des Spielsaales seinen Marsch ausarbeiten und ihn festlegen.

Er soll sich ferner während des Spiels von allem distanzieren, was seine Konzentration gefährden könnte.

Wer gar das Pech hat, neben einen jener Spieler zu geraten, die ihre Nachbarn ununterbrochen mit guten Ratschlägen traktieren, bemühe sich sofort um einen andern Sitzplatz.

Nun eine andere, sehr wichtige Sache, das Spielkapital.

Von einem sehr bekannten Roulettespieler, dessen Riesengewinne die gesamte in- und ausländische Presse mobilisierten, stammt jener allzuwahre Satz: „Der Spieler muß, will er gewinnen, einen langen Atem haben". Wenn jemand glaubt, er könne an der Roulette mit hundert Mark Riesengewinne erzielen, der kaufe sich besser ein Lotterielos.

Gewiß ist es schon vorgekommen, daß jemand bei geringster Investition einige tausend Mark gewonnen hat. Meistens handelte es sich dabei noch um einen Menschen, der das erste Mal die Kugel rollen hörte. Solche Fälle wollen wir hier nicht diskutieren. Sie haben nur das eine Positive, daß sie eine gute Reklame für die Spielbank sind. Eine generelle Regel, die die Höhe des erforderlichen Spielkapitals festsetzt, gibt es nicht. Entscheidend ist, ob mit Masse-égale, oder mit Progression gespielt wird. Damit der Leser klar disponieren kann, ist bei jedem der hier behandelten Systemspiele das erforderliche Kapital angegeben.

Unvollständig wären diese Hinweise, wenn die wichtigste Frage unbesprochen bliebe. Es ist die, des Spielbeendens. Im allgemeinen gilt hierfür die Regel, daß mit einem Gewinn, der 25 % des erforderlich gewesenen Spielkapitals beträgt, das Bestmöglichste erreicht wurde. Wer darüber hinaus weiterspielt, ignoriert das eherne Gesetz der Roulette, nämlich das, des kurvenmäßigen Spielverlaufes.

In den meisten Fällen zeigen diese Kurven die Tendenz, an ihren Ausgangspunkt nicht mehr zurückzukehren. Dafür sorgt das Zéro, der Goldbagger der Bank. Wer also 100 Einheiten gewann und sie wieder verlor, muß bei nochmals zurückgewonnenen 50 Einheiten das Spiel beenden. Einem Spieler, der einwendet, es sei doch gleich, ob heute das Spiel fortgesetzt, oder morgen neu begonnen werde, sei gesagt, daß aus dieser Ansicht die Riesengewinne der Spielbanken resultieren.

Eine Gewinnsträhne wird immer von einer Verluststrähne abgelöst. Dazu kommt noch, daß die Bank, geschützt durch das Maximum, in jedem Falle der finanziell Stärkere ist.

In der Glanzzeit Monte-Carlos fragte einmal ein Spieler seinen Nachbarn, welche Farbe heute hauptsächlich gewinne, „rouge oder noir". Die Antwort lautete: „blanc".

Louis Blanc war der Gründer und Inhaber des Casinos in Monte-Carlo.

Das Systemspiel

Es gibt zwei Arten Systemspiele.

1. Das bewegliche System.
2. Das starre System.

Das bewegliche System

Bei diesem bestimmen der letzte, oder mehrere vorangegangene Coups Satzanordnung und Satzhöhe für den nächsten Coup. Diese Spielart kennt zwei weitere Unterscheidungen.

a) Das Mitgehen mit der Bank. Darunter versteht man das Nachsetzen einer oder mehrerer beim letzten Coup erschienenen Chancen. Der Spieler geht dabei von der Annahme aus, daß nach dem Gesetz der Serie, bald mit einer Häufung im Erscheinen der nachgesetzten Chancen zu rechnen ist. Die Tatsache, daß sich im Verlaufe einer gewissen Spieldauer Favoriten zeigen, ist jedem Spieler bekannt. Wer mit der Bank mitgeht, muß früher oder später zwangsläufig in den Genuß der favorisierenden Chancen kommen. Das ist der Vorteil dieser Spielart. In Frage gestellt wird die Gewinnaussicht, wenn die Serienbildung erst nach längerer Spieldauer eintritt, wenn also die Gewinne aus der Serie zunächst den Verlust des vorangegangenen Intermittierens decken müssen.

b) Das Spielen gegen die Bank. Bei dieser Spielart wird das Gegenteil einer oder mehrerer zuletzt erschienenen Chancen gesetzt. Ist also Rot und Impair gekommen, dann wird auf Schwarz und Pair gesetzt. Gegen die Bank wird dann besonders gern gespielt, wenn mit dem Abbruch einer Serie zu rechnen ist.

Das starre System

Beim starren System vollzieht sich der Marsch vollkommen unabhängig von den vorher gefallenen Coups. Der Spieler macht seine Sätze so, wie sie von seiner Aufstellung vorgeschrieben werden.

Diese Spielart erfordert äußerste Konsequenz. Wer starr spielt, ist ganz besonders der Versuchung ausgesetzt, einen gelegentlichen, aussichtsreich erscheinenden, Extracoup zu wagen.

Nicht zuletzt ist die Wahl der Systemart eine Angelegenheit des Temperaments. Im Allgemeinen wird dem Phlegmatiker das starre System zusagen, während der Choleriker in der beweglichen Spielart das Richtige für sich sieht.

Spielsystem Nr. 1 „Die Rente"

Diese Methode kann als sogenanntes „R e n t e n s y s t e m" bezeichnet werden. Wer sich mit einem Gewinn, der 10 bis 15 Einheiten nicht übersteigt, zufrieden gibt, wird hier das finden, was er sucht. Mit einem Spielkapital von 100 Einheiten wird man dabei auskommen. Die Staffelung, es handelt sich um ein Progressionsspiel, ist eine dreifache. Ihr Schema

5 Einheiten
10 „
20 „

verliert dadurch an Schärfe, daß mit ihm ein Sektor bespielt wird, der fast $^5/_6$ des gesamten Kessels beträgt.

Das Spiel beruht darauf, daß die Bank gezwungen wird, nur eine Transversale simple zu spielen. Der größte Feind dieser Methode ist das Zéro. Häuft es sich, so breche man besser das Spiel an diesem Tisch ab.

Die Theorie des Satzes ist folgende:

Es wird g e g e n die Bank gespielt. Die zuletzt gekommene Transversale simple ist, außer Zéro, die einzig unbesetzte Fläche. Nehmen wir an, als letzte Nummer kam die 13. Das Spiel beginnt nun mit dem ersten Satz, nämlich:

3 Einheiten auf Passe, 2 Einheiten auf das 1. Dutzend.

Ganz gleich, ob nun Passe oder das 1. Dutzend erscheint, wir erhalten jedesmal 6 Einheiten zurück. Nehmen wir weiter an, das beim ersten Spiel die 35 erschien. Nach Abzug der erhaltenen 6 Einheiten, folgt nun der nächste Satz: 3 Einheiten auf Manque, 1 Einheit auf Transversale 19 bis 24 und eine Einheit auf Transversale 25 bis 30.

In diesem Fall werden also die zwei Einheiten des Dutzendsatzes auf zwei Transversalen verteilt so, daß die eben erschienene Transversale, 31 bis 36, unbesetzt bleibt. Erwähnen möchte ich noch, daß beim Erscheinen von Zéro der „e n p r i s o n" gegangene Satz auslaufen soll. Tritt ein Verlust ein, d. h. also, schlägt die zuletzt gekommene Transversale nach, dann wird der erste Progressionssatz gemacht. Es werden 10 Einheiten, in der Verteilung:

6 Einheiten Einfache Chance, 4 Einheiten Dutzend (resp. 2 mal 2 Einheiten auf die entsprechenden Transversalen) gesetzt. Zweiundeinhalber Gewinncoup sind nötig, um den Verlust des ersten Satzes gut zu machen.

Verliert auch der zweite Staffelsatz, dann folgt die nächste und damit höchste Progression mit 20 Einheiten in der Verteilung 12 zu 8.

Und nun das Wichtigste. So bald bei der Staffelung der höchste Plusstand des vorhergehenden Staffelsatzes erreicht wurde, wird sofort zu diesem zurückgekehrt.

Streng zu beachten ist, daß die Gewinnerwartung bei diesem Spiel bei maximal 15 Einheiten liegt.

An einer Original-Permanenz, es ist die vom 22. 9. 1954 des Casinos Neuenahr, soll dem Leser das Spiel praktisch vorgeführt werden. Die ersten 16 Coups sind mit den nötigen Erklärungen versehen. Das weitere Spiel wurde in laufender Permanenz, mit Angabe des jeweiligen Standes, weitergeführt.

Gef. Nr. 14

Das Spiel beginnt mit dem Satz: Passe 3 Einh. 1. Dtzd. 2 Einh.
Gef. Nr. 28, Stand des Spiels . . . . + 1
2. Satz: Manque 3 Einh. Transv. 19—24 1 Einh. Transv. 31—36 1 Einh.
Gef. Nr. 9, Stand des Spiels . . . . + 2
3. Satz: Passe 3 Einh. Transv. 1—6 1 Einh. Transv. 13—18 1 Einh.
Gef. Nr. 16, Stand des Spiels . . . . + 3
4. Satz: Passe 3 Einh. 1. Dtzd. 2 Einh. Gef. Nr. 35,
Stand des Spiels . . . . + 4
5. Satz: Manque 3 Einh. Transv. 19—24 1 Einh. Transv. 25—30
1 Einh. Gef. Nr. 20, Stand des Spiels . . . . + 5
6. Satz: Manque 3 Einh. 3. Dtzd. 2 Einh. Gef. Nr. 14,
Stand des Spiels . . . . + 6
7. Satz: Passe 3 Einh. 1. Dtzd. 2 Einh. Gef. Nr. 29,
Stand des Spiels . . . . + 7
8. Satz: Manque 3 Einh. Transv. 19—24 1 Einh. Transv. 31—36
1 Einh. Gef. Nr. 17, Stand des Spiels . . . . + 8

9. Satz: Passe 3 Einh. 1. Dtzd. 2 Einh. Gef. Nr. 34
Stand des Spiels . . . . + 9
10. Satz: Manque 3 Einh. Transv. 19—24 1 Einh. Transv. 25—30
1 Einh. Gef. Nr. 36, Stand des Spiels . . . . + 4
Hier trat ein Totalverlust von 5 Einheiten ein. Es folgt die erste Staffelung mit 10 Einheiten.
11. Satz: Manque 6 Einh. Transv. 19—24 2 Einh. Transv. 25—30
2 Einh. Gef. Nr. 30, Stand des Spiels . . . . + 6
12. Satz: Manque 6 Einh. Transv. 19—24 2 Einh. Transv. 31—36
2 Einh. Gef. Nr. 21, Stand des Spiels . . . . + 8
13. Satz: Manque 6 Einh. 3. Dtzd. 4 Einh. Gef. Nr. 22,
Stand des Spiels . . . . — 2
Durch den Transversalen - Nachschlag verlor dieser Coup.
Jetzt ist der nächste Staffelsatz mit 20 Einheiten erforderlich.
14. Satz: Manque 12 Einh. 3. Dtzd. 8 Einh. Gef. Nr. 25,
Stand des Spiels . . . . + 2
15. Satz: Manque 12 Einh. Transv. 19—24 4 Einh. Transv. 31—36
4 Einh. Gef. Nr. 15, Stand des Spiels . . . . + 6
16. Satz: Passe 12 Einh. 1. Dtzd. 8 Einh. Gef. Nr. 25.
Stand des Spiels . . . . + 10

Mit diesem Gewinn haben wir nicht nur den höchsten Plusstand des 10er-Satzes erreicht, sondern darüber hinaus, den des Anfangssatzes überschritten. Dies verpflichtet zur Rückkehr zum 5er-Satz.

Der weitere Spielverlauf ist folgender:

Coup Nr.	Gef. Nr.	Gesetzt:	Erhalten	Stand des Spiels
17	23	3 E. Manque, 1 E. Tr. 19-24, 1 E. Tr. 31-36	6	+ 11
18	22	3 E. Manque, 2 E. 3. Dtzd.	—	+ 6
19	32	6 E. Manque, 4 E. 3. Dtzd.	12	+ 8
20	19	6 E. Manque, 2 E. Tr. 19-24, 2 E. Tr. 25-30	12	+ 10
21	0	6 E. Manque, 4 E. 3. Dtzd.	—	+ 0
22	12	Der Prisonsatz läuft aus und wird frei	6	+ 6
23	2	6 E. Passe, 2 E. Tr. 1-6, 2 E. Tr. 13-18	12	+ 8
24	22	6 E. Passe, 2 E. Tr. 7-12, 2 E. Tr. 13-18	12	+ 10
25	3	6 E. Manque, 4 E. 3. Dtzd.	12	+ 12
26	20	3 E. Passe, 1 E. Tr. 7-12, 1 E. Tr. 13-18	6	+ 13
27	17	3 E. Manque, 2 E. 3. Dtzd.	6	+ 14
28	27	3 E. Passe, 2 E. 1. Dtzd.	6	+ 15

Bei Coup 28 wurde die Maximalerwartung aus diesem Spiel erreicht. Berücksichtigt man die kurze Spielzeit von etwa 40 Minuten, so kann dieses Ergebnis als beachtlich bezeichnet werden. Wir haben gesehen, daß bei dieser Permanenz mehrmals Totalverluste eintraten, die aber relativ schnell aufgeholt wurden.

Für ganz vorsichtige Spieler gibt es eine Variante dieser Methode. Bedingung hierfür ist jedoch, daß viel Zeit zum Abwarten aufgebracht werden muß. Wem dies nichts ausmacht, spiele auf folgende Weise: Gesetzt wird nur, wenn eine Transversale zweimal hintereinander erschienen ist. Diese bleibt, entsprechend dem erläuterten Schema, unbesetzt. Ein Verlust ist nur dann möglich, wenn diese Transversale ein drittesmal nachschlägt, was ja immerhin nicht allzuoft vorkommt. Gewinnt der Coup, so wird mit dem nächsten Satz so lange gewartet, bis abermals eine Transversale zweimal erscheint. Verliert er, wird mit dem Staffelsatz in gleicher Weise verfahren.

Bei dieser Spielmethode ist es ratsam, die Gewinnerwartung noch mehr zurückzuschrauben und mit etwa 10 Einheiten als erfüllt anzusehen. Wer es sich leisten kann, mit 10er Jetons zu spielen, kann also auch hier noch mit einem Gewinn rechnen, der pro Sitzung 10 % des Spielkapitals beträgt.

Spielsystem Nr. 2 „Die Schaukel"

Ein Progressionsspiel verbunden mit einem Paroli. Die bestechende Konzeption dieses Systems beruht auf der relativ großen Sicherheit des angehängten Parolicoups.

Einschließlich einer entsprechenden Reserve, erfordert es ein Spielkapital von 250 bis 300 Einheiten.

Progressiert werden bei diesem Spiel eine Manque- und eine Passe-Transversale gleichzeitig und mit gleichhohen Sätzen. Die Staffelung vollzieht sich nach folgendem Schema:

Anzahl der Staffelsätze	Transversale	Transversale
1	1	1
2	1	1
3	1	1
4	2	2
5	2	2
6	3	3
7	4	4
8	4	4
9	5	5
10	6	6
11	8	8
12	10	10

Nach jedem Gewinncoup folgt ein Paroli in der Form, daß der erhaltene Transversalengewinn auf die zuletzt gekommene Manque- resp. Passe-Chance gesetzt wird. Gleichzeitig wird der Transversalensatz, der diesen Gewinn brachte, auf die Verlusttransversale verschoben. Gewinnt der Parolicoup, so wird mit dem ersten Satz der Staffelung neu begonnen. Das hier folgende Beispiel zeigt diese Manipulation im Zeitlupentempo.

Gespielt werden die Transversalen 7—12 und 25—30.

Coup Nr.	Gef. Nr.	Transv. 7—12	Transv. 25—30	Passe	Manque	Erhalten	Stand des Spiels
1	28	1	1	—	—	6	+ 4
2	6	1	—	5	—	—	— 2
3	32	1	1	—	—	—	— 4
4	0	1	1	—	—	—	— 6
5	9	2	2	—	—	12	+ 2
6	10	—	2	—	10	20	+ 10

Erläuterung

1. Coup. Für diesen waren auf jede Transversale 1 Einheit zu setzen. Die 28 erschien. Damit gewann die Transversale 25—30. Von dem erhaltenen Betrag wurden 5 Einheiten auf Passe und 1 Einheit auf die Transversale 7—12 gesetzt.

2. Coup. Die 6 erschien. Der gesamte Satz verlor. Für den nächsten Coup mußten abermals je Transversale 1 Einheit gesetzt werden.

3. Coup. Die 32 erschien. Beide Transversalensätze verloren. Nun folgte die 3. Transversalen-Staffelung, also nochmals je 1 Einheit.

4. Coup. Es erschien Zéro. Dieser Verlust verlangte die 4. Transversalen-Staffelung mit je 2 Einheiten.

5. Coup. Die 9 erschien. Damit gewann die Transversale 7—12. Der erhaltene Betrag wurde aufgeteilt in: 10 Einheiten auf Manque und 2 Einheiten auf Transversale 25—30.

6. Coup. Die 10 erschien. Der Satz auf Manque verdoppelte sich und mit den erhaltenen 20 Einheiten war ein Plusstand von 10 Einheiten erreicht.

Erscheint während des Parolicoups Zéro, so läßt man den Satz auslaufen.

Wie sieht nun dieses Spiel in der Praxis aus? Um darüber dem Leser ein klares Bild geben zu können, soll eine Original-Permanenz durchgespielt werden.

Permanenz der in Bad Neuenahr am 9. 1. 1955 an Tisch 1 gefallenen Coups.

Die Querstriche zeigen das Ende jeder Staffelung an.

Coup Nr.	Gef. Nr.	Transv. 7—12	Transv. 25—30	Passe	Manque	Gesetzt	Erhalten	Stand des Spiels
1	19	1	1			2	—	— 2
2	10	1	1			2	6	+ 2
3	17		1		5	6	10	+ 6
4	15	1	1			2	—	+ 4
5	2	1	1			2	—	+ 2
6	36	1	1			2	—	+ 0
7	31	2	2			4	—	— 4
8	17	2	2			4	—	— 8
9	36	3	3			6	—	— 14
10	11	4	4			8	24	+ 2
11	16	—	4		20	24	40	+ 18
12	15	1	1			2	—	+ 16
13	9	1	1			2	6	+ 20
14	23		1		5	6	—	+ 14
15	5	1	1			2	—	+ 12
16	28	2	2			4	12	+ 20
17	13	2		10		12	—	+ 8
18	7	2	2			4	12	+ 16
19	12		2		10	12	20	+ 24
20	30	1	1			2	6	+ 28
21	18	1		5		6	—	+ 22
22	6	1	1			2	—	+ 20
23	22	1	1			2	—	+ 18
24	11	2	2			4	12	+ 26
25	34		2		10	12	—	+ 14
26	27	2	2			4	12	+ 22
27	12	2		10		12	12	+ 22
28	8		2		10	12	20	+ 30

Coup Nr.	Gef. Nr.	Transv. 7—12	Transv. 25—30	Passe	Manque	Gesetzt	Erhalten	Stand des Spiels
29	22	1	1			2	—	+ 28
30	9	1	1			2	6	+ 32
31	34		1		5	6	—	+ 26
32	35	1	1			2	—	+ 24
33	24	2	2			4	—	+ 20
34	9	2	2			4	12	+ 28
35	14		2		10	12	20	+ 36
36	10	1	1			2	6	+ 40
37	28		1		5	6	6	+ 40
38	20	1		5		6	10	+ 44
39	31	1	1			2	—	+ 42
40	9	1	1			2	6	+ 46
41	9		1		5	6	10	+ 50
42	28	1	1			2	6	+ 54
43	26	1		5		6	10	+ 58
44	1	1	1			2	—	+ 56
45	17	1	1			2	—	+ 54
46	4	1	1			2	—	+ 52
47	11	2	2			4	12	+ 60
48	26		2		10	12	12	+ 60
49	16	2		10		12	—	+ 48
50	35	2	2			4	—	+ 44
51	28	3	3			6	18	+ 56
52	16	3		15		18	—	+ 38
53	18	4	4			8	—	+ 30
54	36	4	4			8	—	+ 22
55	6	5	5			10	—	+ 12
56	14	6	6			12	—	+ 0
57	15	8	8			16	—	— 16
58	12	10	10			20	60	+ 24
59	18		10		50	60	100	+ 64

Coup Nr.	Gef. Nr.	Transv. 7—12	Transv. 25—30	Passe	Manque	Gesetzt	Erhalten	Stand des Spiels
60	1	1	1			2	—	+ 62
61	11	1	1			2	6	+ 66
62	34		1		5	6	—	+ 60
63	15	1	1			2	—	+ 58
64	13	2	2			4	—	+ 54
65	16	2	2			4	—	+ 50
66	7	3	3			6	18	+ 62
67	1		3		15	18	30	+ 74
68	22	1	1			2	—	+ 72
69	24	1	1			2	—	+ 70
70	17	1	1			2	—	+ 68
71	9	2	2			4	12	+ 76
72	1		2		10	12	20	+ 84
73	23	1	1			2	—	+ 82
74	9	1	1			2	6	+ 86
75	4		1		5	6	10	+ 90
76	24	1	1			2	—	+ 88
77	12	1	1			2	6	+ 92
78	29		1		5	6	6	+ 92
79	2	1		5		6	—	+ 86
80	34	1	1			2	—	+ 84
81	16	2	2			4	—	+ 80
82	15	2	2			4	—	+ 76
83	27	3	3			6	18	+ 88
84	23	3		15		18	30	+100

Anmerkung: Bis Coup Nr. 43 verlief das Spiel ohne größere Investitionen. Von Coup 44 an mußte die ganze Staffelung bis zum letzten Satz gesetzt werden. Dieser brachte dann das in den vorhergehenden 14 Coups Verlorene zurück. Selbstverständlich wird es vorkommen, daß gelegentlich die ganze Staffelung verliert. Die hier durchgespielte Permanenz zeigt jedoch, wie schnell ein solcher Verlust aufgeholt wird. In diesem Falle muß natürlich das Spiel mit einem geringeren Gewinn beendet werden.

Spielsystem Nr. 3 „Phönix“

In diesem Abschnitt soll der Leser mit einer Methode vertraut gemacht werden, die den kritischsten Betrachtungen standhält. Der evtl. Einwand, daß diese Behauptung anmaßend sei, kann durch die Tatsache widerlegt werden, daß bei dieser Methode im Durchschnitt auf neun Gewinntage ein Verlusttag kommt. Es ist also nur nötig, daß der Verlust dieses Tages limitiert wird. Sorgfältige Prüfungen über große Spielabschnitte haben ergeben, daß es vorteilhaft ist, für dieses Limit das Eineinhalbfache der Gewinnerwartung anzusetzen.

Wer also an den Gewinntagen konsequent bei + 50 Einheiten aufhört, muß am Verlusttag mit gleicher Konsequenz das Spiel bei — 125 Einheiten beenden. Nur unter dieser Bedingung ist eine optimale Ausnutzung aller Vorteile der hier beschriebenen Methode möglich.

Damit ist auch schon die Höhe des erforderlichen Spielkapitals angegeben.

Um den Leser näher an die Gedankengänge dieser Theorie heranzuführen, sei vorweggenommen, daß es sich hier eigentlich um zwei ineinandergreifende Systeme handelt. Das eine gilt sozusagen als Vorspann. Es ist der Teil, der Zug um Zug den Gewinn bringen soll. Verliert der Vorspann, dann setzt, sofort anschließend, das Ergänzungssystem ein. Dieses hat nun die Aufgabe, den eben verlorenen Vorspann zurückzuholen, der damit wieder in Aktion tritt.

Der Vorspann besteht aus einer Staffelung von drei Sätzen. Sein wichtigstes Merkmal ist, daß vom 2. Satz an nicht nur eine Erhöhung eintritt, sondern daß auch die bespielte Fläche erheblich vergrößert wird. Die drei Sätze sehen so aus:

1. 1 Einheit Dutzend
2. 3 Einheiten Einfache Chance
3. 12 Einheiten ET-Satz.

Bei diesem System wird mit der Bank gespielt. Der Setzvorgang ist folgender:

Der erste Satz wird mit einer Einheit auf das zuletzt erschienene Dutzend gemacht. Gewinnt er, so ergibt sich ein Plus von 2 Einheiten.

Verliert er, so kommt der zweite Satz auf die zuletzt erschienene Passe- oder Manque-Chance. Gewinnt dieser Satz, so ergibt sich ebenfalls ein Plus von 2 Einheiten, den verlorenen ersten Satz eingerechnet. Verliert auch der 2. Satz, dann vergrößert sich, bei dem jetzt fälligen ET-Satz, die bespielte Fläche nochmals. Seine 12 Einheiten werden folgenderweise placiert: 9 Einheiten auf das zuletzt erschienene Passe oder Manque, 3 Einheiten auf die entsprechende Transversale, bei ET-Passe auf 13—18, bei ET-Manque auf Transversale 19—24. Mit der Technik des ET-Satzes wird sich der Leser im ersten Abschnitt dieses Buches vertraut gemacht haben.

Gewinnt der ET-Satz, so erhalten wir das vorher Verlorene zurück und darüber hinaus wieder ein Plus von 2 Einheiten, die, wie wir sehen, bei jedem Gewinncoup des Vorspanns erzielt werden.

Wie eingangs schon erwähnt, tritt nach Verlust der 16 Einheiten des Vorspanns, das Ergänzungssystem in Aktion, dessen Sätze ebenfalls progressiv gehalten sind. Auch hier wird mit der Bank gespielt nach dem Schema:

	Rot oder Schwarz	Pair oder Impair	Eines der drei Dutzende	
1.	1	1	1	Einheiten
2.	2	2	1	Einheiten
3.	3	3	2	Einheiten
4.	6	6	4	Einheiten

Bei jedem Plus, daß mit einem dieser vier Sätze erzielt wird, muß natürlich sofort zum Anfangssatz zurückgekehrt werden. Nur dann, wenn ein Teilgewinn eintritt, der den vorherigen Verlust nicht deckt, wird derselbe Satz ein zweites Mal gemacht. Die ganze Manipulation darf aber nur so lange durchgeführt werden, bis mit ihr die 16 verlorenen Einheiten des Vorspanns zurückgeholt sind. Dann setzt dieser dort ein, wo das Ergänzungssystem endet.

Das ganze Verfahren wird vielleicht manchem kompliziert erscheinen. Tatsächlich ist es aber so einfach, daß beim Setzen nie Zeitnot eintreten wird. Man hat nur darauf zu achten, daß immer die nötigen Werte zum Setzen vorhanden sind.

Jetzt wollen wir mit dieser Methode einige Probespiele machen. Es sei noch erwähnt, daß beim Erscheinen von Zéro der Satz ausläuft. Als Permanenz wählen wir folgende Nummern:

31, 1, 2, 25, 5, 9, 17, 36, 15, 19, 12, 34, 29, 30, 5, 32, 26, 26, 2, 19, 27, 2, 29, 4, 27, 12, 20, 13, 8, 24, 10, 32, 25, 10, 8, 18, 31, 12, 11, 30, 35, 29, 32, 30, 13, 17, 11, 33, 29.

Letzte gefallene Nr. 31. Das Spiel mit dem Vorspann beginnt:

1. Satz: 1 Einh. 3. Dtzd. Gef. Nr. 1, verloren. Stand . . . . . — 1
2. „ : 3 Einh. Manque. Gef. Nr. 2, gewonnen. Stand . . . + 2

1. „ : 1 Einh. 1. Dtzd. Gef. Nr. 25, verloren. Stand . . . + 1
2. „ : 3 Einh. Passe. Gef. Nr. 5, verloren. Stand . . . . . — 2
3. „ : 12 Einh. ET-Manque. Gef. Nr. 9, gewonnen. Stand . . + 4

1. „ : 1 Einh. 1. Dtzd. Gef. Nr. 17, verloren. Stand . . . + 3
2. „ : 3 Einh. Manque. Gef. Nr. 36, verloren. Stand . . . + 0
3. „ : 12 Einh. ET-Passe. Gef. Nr. 15, gewonnen. Stand . . + 6

1. „ : 1 Einh. 2. Dtzd. Gef. Nr. 19, gewonnen. Stand . . . + 8

1. „ : 1 Einh. 2. Dtzd. Gef. Nr. 12, verloren. Stand . . . . + 7
2. „ : 3 Einh. Manque. Gef. Nr. 34, verloren. Stand . . . . + 4
3. „ : 12 Einh. ET-Passe. Gef. Nr. 29, gewonnen. Stand . . + 10

1. „ : 1 Einh. 3. Dtzd. Gef. Nr. 30, gewonnen. Stand . . . + 12

1. „ : 1 Einh. 3. Dtzd. Gef. Nr. 5, verloren. Stand . . . . + 11
2. „ : 3 Einh. Manque. Gef. Nr. 32, verloren. Stand . . . + 8
3. „ : 12 Einh. ET-Passe. Gef. Nr. 26, gewonnen. Stand . . + 14

1. „ : 1 Einh. 3. Dtzd. Gef. Nr. 26, gewonnen. Stand . . . + 16

1. „ : 1 Einh. 3. Dtzd. Gef. Nr. 2, verloren. Stand . . . . + 15
2. „ : 3 Einh. Manque. Gef. Nr. 19, verloren. Stand . . . + 12
3. „ : 12 Einh. ET-Passe. Gef. Nr. 27, gewonnen. Stand . . + 18

1. „ : 1 Einh. 3. Dtzd. Gef. Nr. 2, verloren. Stand . . . . + 17
2. „ : 3 Einh. Manque. Gef. Nr. 29, verloren. Stand . . . + 14
3. „ : 12 Einh. ET-Passe. Gef. Nr. 4, verloren. Stand . . . + 2

Mit diesem Coup hat der Vorspann 16 Einheiten verloren. Der Stand ist trotzdem noch + 2. Das jetzt einsetzende Ergänzungssystem soll diese verlorenen 16 Einheiten zurückbringen. Wir beginnen, wie es das Schema vorschreibt, mit

1. Satz: 1 Einh. Schwarz, 1 Einh. Pair, 1 Einh. 1. Dtzd.
Gef. Nr. 27, Stand . . . . — 3
2. Satz: 2 Einh. Rot, 2 Einh. Impair, 1 Einh. 3. Dtzd.
Gef. Nr. 12, Stand . . . . — 4
Dieser Coup brachte nur einen Teilgewinn, deshalb Wiederholung.
2. Satz: 2 Einh. Rot, 2 Einh. Pair, 1 Einh. 1. Dtzd.
Gef. Nr. 20, Stand . . . . — 5
Wiederholung, weil Teilgewinn.

2. Satz: 2 Einh. Schwarz, 2 Einh. Pair, 1 Einh. 2. Dtzd.
Gef. Nr. 13, Stand . . . . — 3
Rückkehr zum 1. Satz.
1. Satz: 1 Einh. Schwarz, 1 Einh. Impair, 1 Einh. 2. Dtzd.
Gef. Nr. 8, Stand . . . . — 4
2. Satz: 2 Einh. Schwarz, 2 Einh. Pair, 1 Einh. 1. Dtzd.
Gef. Nr. 24, Stand . . . . — 1
1. Satz: 1 Einh. Schwarz, 1 Einh. Pair, 1 Einh. 2. Dtzd.
Gef. Nr. 10, Stand . . . . — 0
1. Satz: 1 Einh. Schwarz, 1 Einh. Pair, 1 Einh. 1. Dtzd.
Gef. Nr. 32, Stand . . . . — 1
1. Satz: 1 Einh. Rot, 1 Einh. Pair, 1 Einh. 3. Dtzd.
Gef. Nr. 25, Stand . . . . + 1
1. Satz: 1 Einh. Rot, 1 Einh. Impair, 1 Einh. 3. Dtzd.
Gef. Nr. 10, Stand . . . . — 2
2. Satz: 2 Einh. Schwarz, 2 Einh. Pair, 1 Einh. 1. Dtzd.
Gef. Nr. 8, Stand . . . . + 4
1. Satz: 1 Einh. Schwarz, 1 Einh. Pair, 1 Einh. 1. Dtzd.
Gef. Nr. 18, Stand . . . . + 3
1. Satz: 1 Einh. Rot, 1 Einh. Pair, 1 Einh. 2. Dtzd.
Gef. Nr. 31, Stand . . . . + 0
2. Satz: 2 Einh. Schwarz, 2 Einh. Impair, 1 Einh. 3. Dtzd.
Gef. Nr. 12, Stand . . . . — 5
3. Satz: 3 Einh. Rot, 3 Einh. Pair, 2 Einh. 1. Dtzd.
Gef. Nr. 11, Stand . . . . — 7
3. Satz: 3 Einh. Schwarz, 3 Einh. Impair, 2 Einh. 1. Dtzd.
Gef. Nr. 30, Stand . . . . — 15
4. Satz: 6 Einh. Rot, 6 Einh. Pair, 4 Einh. 3. Dtzd.
Gef. Nr. 35, Stand . . . . — 19
4. Satz: 6 Einh. Schwarz, 6 Einh. Impair, 4 Einh. 3. Dtzd.
Gef. Nr. 29, Stand . . . . + 1
1. Satz: 1 Einh. Schwarz, 1 Einh. Impair, 1 Einh. 3. Dtzd.
Gef. Nr. 31, Stand . . . . + 5
1. Satz: 1 Einh. Schwarz, 1 Einh. Impair, 1 Einh. 3. Dtzd.
Gef. Nr. 32, Stand . . . . + 5
1. Satz: 1 Einh. Rot, 1 Einh. Pair, 1 Einh. 3. Dtzd.
Gef. Nr. 30, Stand . . . . + 9
1. Satz: 1 Einh. Rot, 1 Einh. Pair, 1 Einh. 3. Dtzd.
Gef. Nr. 13, Stand . . . . + 6
2. Satz: 2 Einh. Schwarz, 2 Einh. Impair, 1 Einh. 2. Dtzd.
Gef. Nr. 17, Stand . . . . + 12

1. Satz: 1 Einh. Schwarz, 1 Einh. Impair, 1 Einh. 2. Dtzd.
Gef. Nr. 11, Stand . . . . + 13

1. Satz: 1 Einh. Schwarz, 1 Einh. Impair, 1 Einh. 1. Dtzd.
Gef. Nr. 33, Stand . . . . + 14

1. Satz: 1 Einh. Schwarz, 1 Einh. Impair, 1 Einh. 3. Dtzd.
Gef. Nr. 29, Stand . . . . + 18

Hier endet das Ergänzungssystem. Die verlorenen 16 Einheiten des Vorspanns wurden zurückgeholt und darüber hinaus noch ein Plus von 2 Einheiten erzielt. Der tatsächliche Stand ist jetzt + 20. Für die Darstellung des ganzen Vorgangs wurde absichtlich eine ungünstige Permanenz gewählt, um alle Phasen des Spiels erkennbar zu machen.

Jetzt wollen wir sehen, wie das Spiel an einer authentischen Permanenz verläuft.

Permanenz vom 31. 1. 1955, Tisch 1, Bad Neuenahr.

Vorspann:

Coup Nr.	Gef. Nr.	1. Dtzd.	2. Dtzd.	3. Dtzd.	Passe	Manque	ET-Passe	ET-Manque	Gesetzt	Erhalten	Stand des Spiels
1	25										
2	5			1					1	—	— 1
3	19					3			3	—	— 4
4	26						12		12	18	+ 2
5	15			1					1	—	+ 1
6	9					3			3	6	+ 4
7	16	1							1	—	+ 3
8	34					3			3	—	+ 0
9	29						12		12	18	+ 6
10	20			1					1	—	+ 5
11	27				3				3	6	+ 8
12	3			1					1	—	+ 7
13	4					3			3	6	+ 10
14	13	1							1	—	+ 9
15	25					3			3	—	+ 6
16	3						12		12	—	— 6

Es folgt das Ergänzungssystem:

Coup Nr.	Gef. Nr.	Rot	Schwarz	Pair	Impair	1. Dtzd.	2. Dtzd.	3. Dtzd.	Gesetzt	Erhalten	Stand des Spiels
17	15	1			1	1			3	2	— 1
18	13		1		1		1		3	7	+ 3
19	12		1		1		1		3	—	+ 0
20	34	2		2		1			5	8	+ 3
21	16	1		1				1	3	4	+ 4
22	30	1		1			1		3	4	+ 5
23	36	1		1				1	3	7	+ 9
24	11	1		1				1	3	—	+ 6
25	16		2		2	1			5	—	+ 1
26	29	3		3			2		8	—	— 7
27	2		6		6			4	16	12	— 11
28	22		6	6		4			16	24	— 3
29	18		6	6			4		16	24	+ 5
30	1	6		6			4		16	12	+ 1
31	7	6			6	4			16	36	+ 21

Das Ergänzungssystem endet, der Vorspann beginnt mit + 15.

Coup Nr.	Gef. Nr.	1. Dtzd.	2. Dtzd.	3. Dtzd.	Passe	Manque	ET-Passe	ET-Manque	Gesetzt	Erhalten	Stand des Spiels
32	10	1							1	3	+ 17
33	6	1							1	3	+ 19
34	19	1							1	—	+ 18
35	15				3				3	—	+ 15
36	15							12	12	18	+ 21
37	5		1						1	—	+ 20
38	1					3			3	6	+ 23
39	8	1							1	3	+ 25
40	7	1							1	3	+ 27
41	34	1							1	—	+ 26
42	26				3				3	6	+ 29
43	10			1					1	—	+ 28
44	34					3			3	—	+ 25
45	0						12		12	—	+ 13
46	24		Passe läuft aus						—	9	+ 22
47	13		Passe bleibt stehen						9	—	+ 13

Das Ergänzungssystem setzt ein:

Coup Nr.	Gef. Nr.	Rot	Schwarz	Pair	Impair	1. Dtzd.	2. Dtzd.	3. Dtzd.	Gesetzt	Erhalten	Stand des Spiels
48	35		1		1		1		3	4	+ 1
49	11		1		1			1	3	4	+ 2
50	15		1		1	1			3	4	+ 3
51	2		1		1		1		3	2	+ 2
52	27		1	1		1			3	—	— 1
53	13	2		2				1	5	4	— 2
54	23		2		2		1		5	7	— 0
55	9	2			2		1		5	8	+ 3
56	16	1			1	1			3	2	+ 2
57	4	1		1			1		3	2	+ 1
58	22		1	1		1			3	4	+ 2
59	8		1	1			1		3	4	+ 3
60	34		1	1		1			3	2	+ 2
61	10	1		1				1	3	2	+ 1
62	26		1	1		1			3	4	+ 2
63	35		1	1				1	3	5	+ 4
64	21		1		1			1	3	2	+ 3
65	3	1			1		1		3	4	+ 4
66	22	1			1	1			3	—	+ 1
67	6		2	2			1		5	8	+ 4
68	24		1	1		1			3	4	+ 5
69	26		1	1			1		3	4	+ 6
70	33		1	1				1	3	5	+ 8
71	7		1		1			1	3	2	+ 7
72	6	1			1	1			3	3	+ 7
73	7		1	1		1			3	3	+ 7
74	4	1			1	1			3	3	+ 7
75	0		1	1		1			3	—	+ 4
76	15	Der Satz läuft aus							—	1	+ 5
77	31		2		2		1		5	8	+ 8
78	19		1		1			1	3	2	+ 7
79	1	1			1		1		3	4	+ 8
80	35	1			1	1			3	2	+ 7
81	13		1		1			1	3	4	+ 8
82	20		1		1		1		3	5	+ 10
83	22		1	1			1		3	7	+ 14

Coup Nr.	Gef. Nr.	Rot	Schwarz	Pair	Impair	1. Dtzd.	2. Dtzd.	3. Dtzd.	Gesetzt	Erhalten	Stand des Spiels
84	30		1	1			1		3	2	+ 13
85	35	1		1				1	3	3	+ 13
86	6		1		1			1	3	2	+ 12
87	0		1	1		1			3	—	+ 9
88	6		Der Satz läuft aus						—	2	+ 11
89	11		2	2		1			5	7	+ 13
90	14		1		1	1			3	—	+ 10
91	14	2		2			1		5	11	+ 16

Die 16 verlorenen Einheiten des Vorspanns sind zurückgewonnen. Dieser beginnt jetzt mit + 29.

Coup Nr.	Gef. Nr.	1. Dtzd.	2. Dtzd.	3. Dtzd.	Passe	Manque	ET-Passe	ET-Manque	Gesetzt	Erhalten	Stand des Spiels
92	16		1						1	3	+ 31
93	27		1						1	—	+ 30
94	19				3				3	6	+ 33
95	17		1						1	3	+ 35
96	30		1						1	—	+ 34
97	20				3				3	6	+ 37
98	20		1						1	3	+ 39
99	5		1						1	—	+ 38
100	18					3			3	6	+ 41
101	31		1						1	—	+ 40
102	20				3				3	6	+ 43
103	18		1						1	3	+ 45
104	11		1						1	—	+ 44
105	27					3			3	—	+ 41
106	28						12		12	18	+ 47
107	2			1					1	—	+ 46
108	3					3			3	6	+ 49
109	14	1							1	—	+ 48
110	7					3			3	6	+ 51

Nicht immer werden, wie bei der eben durchspielten Permanenz, mehr als 100 Coups nötig sein. um 50 Einheiten zu gewinnen. Das Wichtigste ist, daß bei diesem System die durchzustehenden Ecarts erträglich sind.

Spielsystem Nr. 4 „Evolution“

Der Leser soll jetzt mit einem Spiel vertraut gemacht werden, daß keine allzugroßen und vor allen Dingen keine schnellen Gewinne verspricht. Aber durch die Kontinuität, mit der es die Gewinne heranschafft, wird es schnell Sympathien gewinnen.

Vorweg sei bemerkt, daß bei dieser Methode die endgültige Gewinnerwartung nicht vom Spieler, sondern von dem vorübergehenden Minus-Ecart bestimmt wird. Das ist so gemeint: der Spieler setzt sich eine fiktive Gewinnerwartung, die er im Laufe des Spiels um die Punkte des vorübergehenden Minus-Ecarts verringert. Nehmen wir an, daß die Gewinnerwartung 100 Einheiten betrug und daß während des Spiels ein Minus von 50 Einheiten entstand. Sofort reduziert sich der erstrebte Gewinn um diesen Betrag. Es darf von da an nur auf + 50 Einheiten gespielt werden. Ergibt sich ein weiteres Minus von 20 Einheiten, im ganzen also — 70, so liegt das erstrebte Ziel bei + 30 Einheiten. Der ideale Verlauf ist natürlich darin zu sehen, daß ein Minus-Ecart gar nicht eintritt und die ursprünglich fiktive Gewinnerwartung damit zur tatsächlichen wird.

Für den Kapitalbedarf gilt die Relation 1 zu 4. Wer sich + 100 Einheiten zum Ziel setzt, muß 400 Einheiten zur Verfügung haben.
Nun zum eigentlichen Spiel. Es besteht aus drei Phasen. 1. Einer Dutzend-Progression, 2. Einem Paroli auf einfache Chance, 3. Einem Paroli auf ET-Chance. Das Schema der Dutzend-Progression ist folgendes:

Nr.	Gesetzt	Insges. gesetzt
1.	1	1
2.	1	2
3.	1	3
4.	1	4
5.	1	5
6.	2	7

Nr.	Gesetzt	Insges. gesetzt
7.	2	9
8.	2	11
9.	2	13
10.	3	16
11.	3	19
12.	3	22
13.	4	26
14.	4	30
15.	5	35
16.	5	40
17.	5	45

Das Spiel beginnt damit, daß ein Dutzend nach obiger Progression s t a r r gespielt wird. Sobald einer der Staffelsätze gewinnt, kommt für den nächsten Coup der erhaltene Betrag einschl. Satz, auf die zuletzt erschienene Passe- oder Manque-Chance. Gewinnt dieser Coup ebenfalls, dann werden die erhaltenen Stücke, nach der ET-Regel, auf die Chance verteilt, die z u l e t z t kam, also auf ET-Manque oder ET-Passe.

Bei den ersten 5 Sätzen der Dutzendstaffelung muß allerdings anstatt des ET-Satzes der Zweidutzendsatz gemacht werden, weil die erhaltenen 6 Einheiten nicht durch 4 teilbar sind. Erst von Satz 6 an ist diese Schwierigkeit behoben. Wer jedoch, bei einem entsprechenden Spielkapital, die ganze 17-fache Staffelung in doppelter Höhe spielt, kann den ET-Satz vom Anfang an anwenden.

Damit der Leser die Setzanordnung klar übersieht, soll sofort mit einer authentischen Permanenz probiert werden. Es ist gleichgültig, welches Dutzend für die Staffelung gewählt wird. Wir entschließen uns für das dritte.

Bad Neuenahr, vom 7. 1. 1955 Tisch 1.

Coup Nr.	Gef. Nr.	Gesetzt				Erhalten	Stand des Spiels
		2. Dtzd.	3. Dtzd.	Passe	ET - Passe		
1	20		1			—	— 1
2	7		1			—	— 2
3	15		1			—	— 3
4	15		1			—	— 4
5	30		1			3	— 2
6	26			3		6	+ 1
7	12	3	3			—	— 5
8	0		2			—	— 7
9	25		2			6	— 3
10	32			6		12	+ 3
11	19				12	18	+ 9
12	5		1			—	+ 8
13	32		1			3	+ 10
14	20			3		6	+ 13
15	10	3	3			—	+ 7
16	21		1			—	+ 6
17	27		1			3	+ 8
18	7			3		—	+ 5
19	13		1			—	+ 4
20	31		2			6	+ 8
21	31			6		12	+ 14
22	26				12	18	+ 20
23	17		1			—	+ 19
24	20		1			—	+ 18
25	16		1			—	+ 17
26	29		1			3	+ 19
27	15			3		—	+ 16
28	0		1			—	+ 15
29	15		2			—	+ 13
30	14		2			—	+ 11
31	23		2			—	+ 9
32	6		2			—	+ 7

Coup Nr.	Gef. Nr.	Gesetzt				Erhalten	Stand des Spiels
		2. Dtzd.	3. Dtzd.	Passe	ET - Passe		
33	25		3			9	+ 13
34	25			9		18	+ 22
35	14				18	27	+ 31
36	8		1			—	+ 30
37	12		1			—	+ 29
38	27		1			3	+ 31
39	5			3		—	+ 28
40	31		1			3	+ 30
41	0			3		—	+ 27
42	7	Läuft aus und verliert				—	+ 27
43	19		1			—	+ 26
44	6		2			—	+ 24
45	24		2			—	+ 22
46	2		2			—	+ 20
47	30		2			6	+ 24
48	24			6		12	+ 30
49	23				12	18	+ 36
50	25		1			3	+ 38
51	34			3		6	+ 41
52	0	3	3			—	+ 35
53	29		1			3	+ 37
54	28			3		6	+ 40
55	16	3	3			9	+ 43
56	13		1			—	+ 42
57	35		1			3	+ 44
58	19			3		6	+ 47
59	8	3	3			—	+ 41
60	10		1			—	+ 40
61	34		1			3	+ 42
62	25			3		6	+ 45
63	33	3	3			9	+ 48
64	30		1			3	+ 50

Coup Nr.	Gef. Nr.	Gesetzt				Erhalten	Stand des Spiels
		2. Dtzd.	3. Dtzd.	Passe	ET - Passe		
65	34			3		6	+ 53
66	30	3	3			9	+ 56
67	7		1			—	+ 55
68	2		1			—	+ 54
69	35		1			3	+ 56
70	11			3		—	+ 53
71	6		1			—	+ 52
72	30		1			3	+ 54
73	34			3		6	+ 57
74	32	3	3			9	+ 60
75	13		1			—	+ 59
76	29		1			3	+ 61
77	30			3		6	+ 64
78	1	3	3			—	+ 58
79	29		1			3	+ 60
80	29			3		6	+ 63
81	35	3	3			9	+ 66
82	13		1			—	+ 65
83	13		1			—	+ 64
84	12		1			—	+ 63
85	36		1			3	+ 65
86	20			3		6	+ 68
87	3	3	3			—	+ 62
88	6		1			—	+ 61
89	33		2			6	+ 65
90	0			6		—	+ 59
91	32	Passe wird frei				6	+ 65
92	8			6		—	+ 59
93	34		2			6	+ 63
94	33			6		12	+ 69
95	18				12	18	+ 75
96	3		1			—	+ 74

Coup Nr.	Gef. Nr.	Gesetzt				Erhalten	Stand des Spiels
		2. Dtzd.	3. Dtzd.	Passe	ET - Passe		
97	25		1			3	+ 76
98	10			3		—	+ 73
99	34		1			3	+ 75
100	28			3		6	+ 78
101	4	3	3			—	+ 72
102	30		1			3	+ 74
103	6			3		—	+ 71
104	32		1			3	+ 73
105	29			3		6	+ 76
106	0	3	3			—	+ 70
107	19		2			—	+ 68
108	34		2			6	+ 72
109	36			6		12	+ 78
110	30				12	18	+ 84
111	30		1			3	+ 86
112	29			3		6	+ 89
113	32	3	3			9	+ 92
114	26		1			3	+ 94
115	33			3		6	+ 97
116	9	3	3			—	+ 91
117	2		1			—	+ 90
118	0		1			—	+ 89
119	10		1			—	+ 88
120	32		1			3	+ 90
121	8			3		—	+ 87
122	0		2			—	+ 85
123	16		2			—	+ 83
124	27		2			6	+ 87
125	15			6		—	+ 81
126	14		2			—	+ 79
127	31		3			9	+ 85
128	15			9		—	+ 76

Coup Nr.	Gef. Nr.	Gesetzt				Erhalten	Stand des Spiels
		2. Dtzd.	3. Dtzd.	Passe	ET - Passe		
129	35		3			9	+ 82
130	13			9		—	+ 73
131	20		3			—	+ 70
132	0		4			—	+ 66
133	29		4			12	+ 74
134	18			12		—	+ 62
135	17		5			—	+ 57
136	24		5			—	+ 52
137	2		5			—	+ 47
138	19		1			—	+ 46
139	31		1			3	+ 48
140	26			3		6	+ 51
141	11	3	3			—	+ 45
142	22		1			—	+ 44
143	8		1			—	+ 43
144	4		1			—	+ 42
145	34		2			6	+ 46
146	15			6		—	+ 40
147	19		2			—	+ 38
148	10		2			—	+ 36
149	13		2			—	+ 34
150	28		3			9	+ 40
151	12			9		—	+ 31
152	0		3			—	+ 28
153	24		3			—	+ 25
154	25		4			12	+ 33
155	33			12		24	+ 45
156	27				24	36	+ 57
157	31		1			3	+ 59

Der erzielte Gewinn von 59 Einheiten ist, gemessen an der Dauer des Spiels, kein übermäßig hoher. Wer jedoch den Spielverlauf verfolgte, wird festgestellt haben, daß bei der durchspielten Permanenz das tiefste Minus nur 7 Einheiten betrug. Wer würde der Möglichkeit eines solchen Idealverlaufes nicht gern Opfer an Zeit bringen?

Favoritensuche

Ein Idealzustand, den alle Spieler erstreben, ist der, die Favoriten fest in die Hand zu bekommen. Wem dies gelingt, kann mit souveräner Sicherheit seinen Marsch durchführen.

Die folgenden Ausführungen behandeln eine Methode, die, wie kaum eine andere, geeignet ist, die Favoriten mehrerer Chancen gleichzeitig zu ermitteln und abwechselnd zu spielen. Wer sie sorgfältig durchführt, wird erstaunt sein, wie sich nach 30 bis 40 Coups die begünstigten Chancen herauskristallisieren. Es ist eine bekannte Tatsache, daß die „toten" Chancen, also die, die weit zurückliegen, auch während längerer Spieldauer zu keiner Mankodeckung kommen. Wer den ersten und zweiten Favoriten spielt, wird im ungünstigsten Falle zu einem Unentschieden kommen.

Da es sich bei der Favoritensuche zunächst um fiktives Spiel handelt, ist die Angabe des Kapitalbedarfs überflüssig. Diese Frage wird erst dann akut, wenn der direkte Angriff auf die ermittelten Favoriten einsetzt. Zunächst ist es nur nötig, den Spielverlauf sorgfältig festzuhalten. Die 8 Kombinationsmöglichkeiten der Einfachen Chancen werden auf folgende Weise notiert:

R	R	R	R	S	S	S	S
I	Pr	I	Pr	I	Pr	I	Pr
M	M	Pa	Pa	M	M	Pa	Pa

Anmerkung: R=Rot, S=Schwarz, I=Impair, Pr=Pair, Pa - Passe, M=Manque.

Jede dieser senkrechten Kombinationen umfaßt 4 resp. 5 Pleines, z. B. R I M die Nummern 1, 3, 5, 7, 9, oder S I Pa die Nummern 29, 31, 33, 35 usw. Die Protokollführung erfordert nur, daß das Erscheinen jeder Kombination fortlaufend notiert wird.

Auf diese Weise erhält man die Favoriten der Pleines-Gruppen:

1, 3, 5, 7, 9,
12, 14, 16, 18,
19. 21, 23, 25, 27,
30, 32, 34, 36,
11, 13, 15, 17,
2, 4, 6, 8, 10,
29, 31, 33, 35,
20, 22, 24, 26, 28.

Faßt man eine Transversale simple und eine Transversale pleine zusammen, so erhält man 8 Möglichkeiten, deren setztechnische Auswertung weiter unten besprochen wird.

a) Transv. s. 1—6 mit Transv. p. 7—9 für die Gruppe Rot, Impair, Manque.

b) Transv. s. 10—15 mit Transv. p. 16—18 für die Gruppe Rot, Pair, Manque.

c) Transv. s. 19—24 mit Transv. p. 25—27 für die Gruppe Rot, Impair, Passe.

d) Transv. s. 28—33 mit Transv. p. 34—36 für die Gruppe Rot, Pair, Passe.

e) Transv. s. 10—15 mit Transv. p. 16—18 für die Gruppe Schwarz, Impair, Manque.

f) Transv. s. 4—9 mit Transv. p. 10—12 für die Gruppe Schwarz, Pair, Manque.
Die Nr. 2 ist in die Kombination nicht eingeschlossen.

g) Transv. s. 28—33 mit Transv. p. 34—36 für die Gruppe Schwarz, Impair, Passe.

h) Transv. s. 19—24 mit Transv. p. 25—27 für die Gruppe Schwarz, Pair, Passe.
Die Nr. 28 ist in die Kombination nicht eingeschlossen.

An einer willkürlich gewählten Permanenz wird die Protokollführung gezeigt. Permanenz: 33, 28, 27, 18, 28, 10, 25, 30, 24, 0, 26, 1, 5, 22, 9, 30, 12, 4, 25, 30, 3, 3, 32, 6, 25, 30, 18, 23, 13, 6, 5, 13.

Gef. Nr.	R I M	R Pr M	R I Pa	R Pr Pa	S I M	S Pr M	S I Pa	S Pr Pa
33							1	
28								1
27			1					
18		1						
28								2
10						1		
25			2					
30				1				
24								3
26								4
1	1							
5	2							
22								5
9	3							
30				2				
12		2						
4						2		
25			3					
30				3				
3	4							
3	5							
32				4				
6						3		
25			4					
30				5				
18		3						
23			5					
13					1			
6						4		
5	6							
13					2			

Soll der Ecart von Rot festgestellt werden, so addiert man die vier roten senkrechten Rubriken. Ergebnis 19. Bei Impair werden die zwei Impair—Rot mit den zwei Impair—Schwarz addiert. Ergebnis 14. Manque ergibt 15, Schwarz 12, Pair 17 und Passe 16. Als summarische Favoriten erscheinen mithin Rot, Pair, Passe, also die Nummern 30, 32, 34, 36.

Damit kommen wir zu dem Ergebnis, daß das Gespann

Transversale s. 28—33 mit

Transversale pl. 34—36

als Favorit an der Spitze lag.

Was mit dieser Feststellung anzufangen ist, soll im folgenden Systemspiel erläutert werden.

Spielsystem Nr. 5 „Angriff auf Favoriten“

Im vorhergehenden Abschnitt wurde ausführlich erläutert, auf welche Art die Favoriten mehrerer, zum Teil kombinierter Chancen, in einem Zuge ermittelt werden können. Jetzt wollen wir eine der vielen Möglichkeiten behandeln, die zeigen, wie der gefundene Favorit nutzbar gemacht wird.

Ähnlich dem Spielsystem „Phönix“, kommen auch hier zwei ineinandergreifende Systeme zur Anwendung. Das erste besteht aus einer kurzen Progression auf Einfache Chancen, beim zweiten wird ein direkter Angriff auf die neun Nummern, innerhalb einer Transversale simple und einer Transversale pleine, gestartet. Die beiden Methoden werden im folgenden mit A und B bezeichnet.

Ein Durchstehen gewisser Minus-Ecarts wird bei diesem Spiel unvermeidbar sein. Deshalb muß man den Kapitalbedarf mit 300 Einheiten festsetzen. Unerläßlich ist, daß bis zum tatsächlichen Beginn fiktiv, also nur auf dem Papier gespielt wird. Sobald auf diese Art die Favoriten festgestellt sind, beginnt das eigentliche Spiel mit System A. Als Übungsobjekt soll die authentische Permanenz vom 23. 7. 1952 Bad Homburg verwendet werden.

Bis Coup Nr. 50 läuft folgende Permanenz ab: 21, 10, 9, 21, 19, 31, 5, 24, 15, 20, 21, 0, 3, 22, 14, 35, 18, 23, 29, 20, 8, 22, 29, 15, 0, 22, 36, 11, 36, 16, 19, 23, 13, 17, 9, 4, 27, 2, 15, 16, 9, 32, 6, 19, 15, 32, 2, 28, 20, 7.

Jetzt werden die summarischen Favoriten ermittelt. Es ergibt sich, daß Rot, Impair, Passe und damit die Transversale s. 19—24 mit Transversale pl. 25—27, an der Spitze liegen.

Wir beginnen jetzt mit einem starren Progressionsspiel auf die drei Einfachen Chancen Rot, Impair, Passe nach folgender Staffelung:

Rot	Impair	Passe
1	1	1
2	2	2
4	4	4
8	8	8

Jeder bei der Staffelung auftretende Teilverlust wird als Totalverlust gewertet und verpflichtet zum Übergang auf den nächsten Staffelsatz. Dieses Spiel wird solange fortgesetzt, bis entweder das bei + 70 Einheiten liegende Gewinnziel erreicht ist, oder bis der vierte Staffelsatz die vorhergehenden Verluste nicht mehr decken konnte. In letzterem Fall setzt System B ein, dessen Einzelheiten noch erläutert werden.

System A beginnt; die Favoritenkontrolle wird gleichzeitig weitergeführt.

Coup Nr.	Gef. Nr.	R J M	R Pr M	R J Pa	R Pr Pa	S J M	S Pr M	S J Pa	S Pr Pa	Gesetzt: R	J	Pa	Insges. gesetzt	Erhalten	Stand des Spiels
1	0									1	1	1	3	—	— 3
2	33							1		—	—	—	—	2	— 1
3	4						1			2	2	2	6	—	— 7
4	19			1						4	4	4	12	24	+ 5
5	21			2						1	1	1	3	6	+ 8
6	18		1							1	1	1	3	2	+ 7
7	10						2			2	2	2	6	—	+ 1
8	11					1				4	4	4	12	8	— 3
9	14		2							8	8	8	24	16	— 11

Verhältnismäßig schnell stellte sich ein Verlust bei System A ein. Dem nun einsetzenden System B ist das Ziel gesteckt, die 45 Einheiten der A-Staffelung zu gewinnen. Gelingt dies, dann ist der Stand des Spiels + 34.

Die B-Staffelung wird ebenfalls starr placiert. Sie konzentriert sich auf die eingangs festgestellten Favoriten, Transversale s. 19—24 und Transversale pl. 25—27. Progressiert wird wie folgt:

19—24	25—27
2	1
2	1
4	2
6	3
12	6

Nach **j e d e m** Gewinn wird zum Anfang zurückgekehrt. Verlieren alle fünf Sätze, dann wird der 5. Satz als Masse-égale bis zur Erreichung eines + 45 - Standes weitergesetzt. Die Favoritenkontrolle wird, an das A-System anschließend, weitergeführt.

Coup Nr.	Gef. Nr.	R J M	R Pr M	R J Pa	R Pr Pa	S J M	S Pr M	S J Pa	S Pr Pa	Gesetzt: Tr. 19—24	Tr. 25—27	Insges. gesetzt	Erhalten	Stand des Spiels
10	34				1					2	1	3	—	— 3
11	4						3			2	1	3	—	— 6
12	6						4			4	2	6	—	— 12
13	34				2					6	3	9	—	— 21
14	33							2		12	6	18	—	— 39
15	20								1	12	6	18	72	+ 15
16	13					2				2	1	3	—	+ 12
17	7	1								2	1	3	—	+ 9
18	17					3				4	2	6	—	+ 3
19	30				3					6	3	9	—	— 6
20	13					4				12	6	18	—	— 24
21	4						5			12	6	18	—	— 42
22	36				4					12	6	18	—	— 60
23	11					5				12	6	18	—	— 78
24	27			3						12	6	18	72	— 24
25	25			4						12	6	18	72	+ 30
26	20								2	2	1	3	12	+ 39
27	29							3		2	1	3	—	+ 36
28	6						6			2	1	3	—	+ 33
29	21			5						4	2	6	24	+ 51

System B brachte das beachtliche Plus von 51 Einheiten. Nach Abzug der bei A verlorenen 11 Einheiten, ist der Stand des Spiels jetzt + 40. Es wird mit A weitergeführt unter Beibehaltung der Favoritenkontrolle.

Coup Nr.	Gef. Nr.	R J M	R Pr M	R J Pa	R Pr Pa	S J M	S Pr M	S J Pa	S Pr Pa	Gesetzt: R	J	Pa	Insges. gesetzt	Erhalten	Stand des Spiels
30	0									1	1	1	3	—	— 3
31	8						7			—	—	—	—	—	— 3
32	13					7				2	2	2	6	4	— 5
33	27			6						4	4	4	12	24	+ 7
34	13					8				1	1	1	3	2	+ 6
35	16		3							2	2	2	6	4	+ 4
36	32				5					4	4	4	12	16	+ 8
37	3	2								1	1	1	3	4	+ 9
38	21			7						1	1	1	3	6	+ 12
39	32				6					1	1	1	3	4	+ 13
40	8						8			1	1	1	3	—	+ 10
41	6						9			2	2	2	6	—	+ 4
42	12		4							4	4	4	12	8	+ 0
43	4						10			8	8	8	24	—	— 24

A hat 24 Einheiten verloren. Tatsächlicher Stand des Spiels: + 16.

B setzt unter Fortführung der Favoritenkontrolle ein.

Coup Nr.	Gef. Nr.	R J M	R Pr M	R J Pa	R Pr Pa	S J M	S Pr M	S J Pa	S Pr Pa	Gesetzt: Tr. 19—24	Tr. 25—27	Insges. gesetzt	Erhalten	Stand des Spiels
44	9	3								2	1	3	—	— 3
45	33							4		2	1	3	—	— 6
46	6						11			4	2	6	—	— 12
47	25			8						6	3	9	36	+ 15
48	34				7					2	1	3	—	+ 12
49	34				8					2	1	3	—	+ 9
50	20								3	4	2	6	24	+ 27
51	9	4								2	1	3	—	+ 24
52	4						12			2	1	3	—	+ 21
53	22								4	4	2	6	24	+ 39
54	29							5		2	1	3	—	+ 36
55	15					9				2	1	3	—	+ 33
56	9	5								4	2	6	—	+ 27
57	23			9						6	3	9	36	+ 54

Der Stand des Spiels ist jetzt genau + 70 Einheiten. Das gesteckte Ziel wurde erreicht. Die Sitzung endet.

Der Leser wird sich fragen, weshalb er sich die Mühe mit der Fortführung der Favoritenkontrolle bei A und B machen soll. Der Grund hierfür ist ein sehr wichtiger. Tritt nämlich bei A oder B ein Verlust ein, der $1/3$ des Spielkapitals aufzehrt, so müssen an Hand der Kontrolle die neuen Favoriten ermittelt und sofort gespielt werden. Der Coup 23 näherte sich dieser Notwendigkeit. Die folgenden Coups brachten jedoch die gespielten Chancen wieder an die Spitze und bestätigten damit, daß bei Favoriten, besonders bei summarisch erfaßten, die Möglichkeit des Abgleitens in die „Toten-Sphäre" gering ist.

Spielsystem Nr. 6 „Numéros pleines"

Es ist jedem Spieler bekannt, daß ein Spiel auf volle Nummern, gegenüber einem solchen auf Einfache Chancen, zwei Nachteile aufweist. Einmal ist das Kräfteverhältnis Spieler—Bank mit etwa 48,9 % zu 51,1 % kein günstiges und zweitens hat der Nummern-Gewinner die Trinkgeldbüchse einzukalkulieren. Allerdings wird bei günstigem Spielverlauf die Wirkung dieser Nachteile durch das ruckartige Hochschnellen der Gewinne kompensiert. Dies verpflichtet den Nummernspieler zu äußerster Konsequenz. Wen die Gewinnwelle hochträgt, muß „aussteigen", sonst lassen die oben angeführten Nachteile das Gewonnene wie Butter an der Sonne schmelzen. So, wie das Spielsystem Nr. 5, basiert auch das jetzt besprochene auf der Auswertung der Favoriten. Denn wer beim Nummernspiel die „Toten" reitet, verliert mit absoluter Sicherheit.

Das Forcieren eines einzelnen Favoriten ist ebenfalls nicht zu empfehlen. Die Praxis und umfangreiche Berechnungen ergaben, daß es am besten ist, nicht weniger, aber auch nicht mehr, als 4 favorisierende Nummern zu spielen. Denn wenn im Laufe des Spiels nun wirklich der eine oder andere Favorit zeitweilig zurückbleibt, so ist unter den 4 Nummern doch mindest ein Spitzenreiter. Der Nummernfall muß etwa 40 Coup vor Spielbeginn sorgfältig notiert und auch während der ganzen Spieldauer kontrolliert werden. Nachdem die begünstigten Nummern festgestellt sind, wird dieses System nicht etwa starr durchgeführt. Favoriten, die in der Erscheinungsfolge nachlassen, werden durch neue, sich vordrängende ersetzt. Das bedingt eine etwas umständliche Protokollführung, die sich aber in jeder Beziehung bezahlt macht. Ein „G r o ß s p i e l" wie dieses, erfordert ein entsprechendes Kapital. Um eine Gewinnerwartung von 150 bis 200 Einheiten zu erfüllen, müssen 600 bis 800 Einheiten Spielkapital zur Verfügung stehen.

Nun zur Technik des Spiels selbst.

Wie schon eingangs erwähnt, ist es erforderlich, an etwa 4 0 f i k t i v gespielten Coups die 4 begünstigten Nummern zu ermitteln. Es ist selbstverständlich, daß diese nicht immer identisch mit den zuletzt gekommenen sind. Ist dies geschehen, so beginnt das Spiel damit, daß diese 4 Nummern nach folgender Progression gespielt werden:

Coup	Satz:				insges. gesetzt:
1.	1	1	1	1	4
2.	1	1	1	1	8
3.	1	1	1	1	12
4.	1	1	1	1	16
5.	1	1	1	1	20
6.	1	1	1	1	24
7.	1	1	1	1	28
8.	1	1	1	1	32
9.	2	2	2	2	40
10.	2	2	2	2	48
11.	2	2	2	2	56
12.	2	2	2	2	64
13.	3	3	3	3	76
14.	3	3	3	3	88
15.	3	3	3	3	100
16.	4	4	3	4	116
17.	4	4	4	4	132
18.	5	5	5	5	152
19.	5	5	5	5	172
20.	5	5	5	5	192

Nochmals sei erwähnt, daß zurückbleibende Nummern gegen a u f - s t e i g e n d e Favoriten ausgetauscht werden müssen.

Als Ubungsmaterial soll sofort die authentische Permanenz vom 31. 1. 1955 Bad Neuenahr verwendet werden. Zur Erleichterung der

Kontrolle wird die durchzuspielende Permanenz der Übung vorangesetzt.

Permanenz: 25, 5, 19, 26, 15, 9, 16, 34, 29, 20, 27, 3, 4, 13, 25, 3, 15, 13, 12, 34, 16, 30, 36, 11, 16, 29, 2, 22, 18, 1, 7, 10, 6, 19, 15, 15, 5, 1, 8, 7, (mit dem nächsten Coup beginnt das Spiel) 34, 26, 10, 34, 0, 24, 13, 35, 11, 15, 2, 27, 13, 23, 9, 16, 4, 22, 8, 34, 10, 26, 35, 21, 3, 22, 6, 24, 26, 33, 7, 6, 7, 4, 0, 15, 31, 19, 1, 35, 13, 20, 22, 30, 35, 6, 0, 6, 11, 14, 14, 16, 27, 19, 17, 30, 20, 20, 5, 18, 31, 20, 18, 11, 27, 28, 2, 3, 14, 7, 4, 0, 16, 28, 11, 17, 14, 32, 10, 30, 11, 19, 8, 24, 15, 22, 21, 21, 29, 13, 6, 13, 18, 26, 3, 12, 26, 28, 24, 26, 16, 3, 36, 14, 11, 13, 33, 5, 23, 12, 21, 19, 33, 24, 9, 34, 10, 34, 19, 19, 8, 6, 31, 34, 15, 36, 8, 14, 17, 31, 11, 24, 30, 27, 30, 13, 36, 12, 3, 17, 36, 28, 6, 15, 21, 16, 28, 31, 33, 13, 7, 1, 16, 13, 21, 13, 4, 22, 32, 8, 14, 0, 10, 9, 19, 29, 17, 34, 19, 17, 22, 29, 15, 25, 25, 4, 25, 14, 17, 29, 12, 9, 6, 22, 6, 16.

Coup Nr.	Gef. Nr.	Gesetzt: Nr. 15	Nr. 16	Nr. 7	Nr. 1	Insges. gesetzt	Erhalten	Stand des Spiels
1	34	1	1	1	1	4	—	— 4
		Der neue Favorit 34 ersetzt die 1						
		15	16	7	34			
2	26	1	1	1	1	4	—	— 8
3	10	1	1	1	1	4	—	— 12
4	34	1	1	1	1	4	36	+ 20
5	0	1	1	1	1	4	—	+ 16
6	24	1	1	1	1	4	—	+ 12
7	13	1	1	1	1	4	—	+ 8
		Der neue Favorit 13 ersetzt die 7						
		15	16	13	34			
8	35	1	1	1	1	4	—	+ 4
9	11	1	1	1	1	4	—	+ 0
10	15	1	1	1	1	4	36	+ 32
11	2	1	1	1	1	4	—	+ 28
12	27	1	1	1	1	4	—	+ 24
13	13	1	1	1	1	4	36	+ 56

Coup Nr.	Gef. Nr.	Gesetzt: Nr. 15	Nr. 16	Nr. 13	Nr. 34	Insges. gesetzt	Erhalten	Stand des Spiels
14	23	1	1	1	1	4	—	+ 52
15	9	1	1	1	1	4	—	+ 48
16	6	1	1	1	1	4	36	+ 80
17	4	1	1	1	1	4	—	+ 76
18	22	1	1	1	1	4	—	+ 72
19	8	1	1	1	1	4	—	+ 68
20	34	1	1	1	1	4	36	+ 100
21	10	1	1	1	1	4	—	+ 96
22	26	1	1	1	1	4	—	+ 92
23	35	1	1	1	1	4	—	+ 88
24	21	1	1	1	1	4	—	+ 84
25	3	1	1	1	1	4	—	+ 80
26	22	1	1	1	1	4	—	+ 76
27	6	1	1	1	1	4	—	+ 72
28	24	1	1	1	1	4	—	+ 68
29	26	2	2	2	2	8	—	+ 60
		Der neue Favorit 26 ersetzt die 16						
		15	26	13	34			
30	33	2	2	2	2	8	—	+ 52
31	7	2	2	2	2	8	—	+ 44
32	6	2	2	2	2	8	—	+ 36
33	7	3	3	3	3	12	—	+ 24
34	4	3	3	3	3	12	—	+ 12
35	0	3	3	3	3	12	—	+ 0
36	15	4	4	4	4	16	144	+ 128
37	31	1	1	1	1	4	—	+ 124
38	19	1	1	1	1	4	—	+ 120
39	1	1	1	1	1	4	—	+ 116
40	35	1	1	1	1	4	—	+ 112
41	13	1	1	1	1	4	36	+ 144

Coup Nr.	Gef. Nr.	Gesetzt: Nr. 15	Nr. 26	Nr. 13	Nr. 34	Insges. gesetzt	Erhalten	Stand des Spiels
42	20	1	1	1	1	4	—	+ 140
43	22	1	1	1	1	4	—	+ 136
44	30	1	1	1	1	4	—	+ 132
45	35	1	1	1	1	4	—	+ 128
		Der neue Favorit 35 ersetzt die 26						
		15	35	13	34			
46	6	1	1	1	1	4	—	+ 124
47	0	1	1	1	1	4	—	+ 120
48	6	1	1	1	1	4	—	+ 116
49	11	1	1	1	1	4	—	+ 112
50	14	2	2	2	2	8	—	+ 104
51	14	2	2	2	2	8	—	+ 96
52	16	2	2	2	2	8	—	+ 88
53	27	2	2	2	2	8	—	+ 80
54	19	3	3	3	3	12	—	+ 68
55	17	3	3	3	3	12	—	+ 56
56	30	3	3	3	3	12	—	+ 44
57	20	4	4	4	4	16	—	+ 28
58	20	4	4	4	4	16	—	+ 12
59	5	5	5	5	5	20	—	— 8
60	18	5	5	5	5	20	—	— 28
61	31	5	5	5	5	20	—	— 48

Mit diesem Coup war die ganze Staffelung in Höhe von 192 Einheiten verloren. Der tatsächliche Stand von — 48, ist trotzdem noch unbedeutend. Das Spiel beginnt nun wieder mit dem ersten Staffelsatz.

		15	35	13	34			
62	20	1	1	1	1	4	—	— 52
63	18	1	1	1	1	4	—	— 56
64	11	1	1	1	1	4	—	— 60
65	27	1	1	1	1	4	—	— 64
66	28	1	1	1	1	4	—	— 68

Coup Nr.	Gef. Nr.	Gesetzt: Nr. 15	Nr. 35	Nr. 13	Nr. 34	Insges. gesetzt	Erhalten	Stand des Spiels
67	2	1	1	1	1	4	—	— 72
68	3	1	1	1	1	4	—	— 76
69	14	1	1	1	1	4	—	— 80
70	7	2	2	2	2	8	—	— 88
71	4	2	2	2	2	8	—	— 96
72	0	2	2	2	2	8	—	— 104
73	16	2	2	2	2	8	—	— 112
		Der neue Favorit 16 ersetzt die 34						
		15	35	13	16			
74	28	3	3	3	3	12	—	— 124
75	11	3	3	3	3	12	—	— 136
76	17	3	3	3	3	12	—	— 148
77	14	4	4	4	4	16	—	— 164
78	32	4	4	4	4	16	—	— 180
79	10	5	5	5	5	20	—	— 200
80	30	5	5	5	5	20	—	— 220
81	11	5	5	5	5	20	—	— 240

Mit diesem Coup ging nochmals eine ganze Staffelung verloren. Der Stand — 240 zeigt dem Leser, daß gerade bei diesem System großzügig disponiert werden muß. Das Spiel beginnt mit dem ersten Staffelsatz.

		Der neue Favorit 11 ersetzt die 35						
		15	11	13	16			
82	19	1	1	1	1	4	—	— 244
83	8	1	1	1	1	4	—	— 248
84	24	1	1	1	1	4	—	— 252
85	15	1	1	1	1	4	36	— 220
86	22	1	1	1	1	4	—	— 224
87	21	1	1	1	1	4	—	— 228
88	21	1	1	1	1	4	—	— 232
89	29	1	1	1	1	4	—	— 236
90	13	1	1	1	1	4	36	— 204

Coup Nr.	Gef. Nr.	Gesetzt: Nr. 15	Nr. 11	Nr. 13	Nr. 16	Insges. gesetzt	Erhalten	Stand des Spiels
91	6	1	1	1	1	4	—	— 208
92	13	1	1	1	1	4	36	— 176
93	18	1	1	1	1	4	—	— 180
94	26	1	1	1	1	4	—	— 184
95	3	1	1	1	1	4	—	— 188
96	12	1	1	1	1	4	—	— 192
97	26	1	1	1	1	4	—	— 196
98	28	1	1	1	1	4	—	— 200
99	24	1	1	1	1	4	—	— 204
100	26	1	1	1	1	4	—	— 208
101	16	2	2	2	2	8	72	— 144
102	3	1	1	1	1	4	—	— 148
103	36	1	1	1	1	4	—	— 152
104	14	1	1	1	1	4	—	— 156
105	11	1	1	1	1	4	36	— 124
106	13	1	1	1	1	4	36	— 92
107	33	1	1	1	1	4	—	— 96
108	5	1	1	1	1	4	—	— 100
109	23	1	1	1	1	4	—	— 104
110	12	1	1	1	1	4	—	— 108
111	21	1	1	1	1	4	—	— 112
112	19	1	1	1	1	4	—	— 116
113	33	1	1	1	1	4	—	— 120
114	24	1	1	1	1	4	—	— 124
115	9	2	2	2	2	8	—	— 132
116	34	2	2	2	2	8	—	— 140
117	10	2	2	2	2	8	—	— 148
118	34	2	2	2	2	8	—	— 156
		Der neue Favorit 34 ersetzt die 13						
		15	11	34	16			
119	19	3	3	3	3	12	—	— 168
120	19	3	3	3	3	12	—	— 180

Coup Nr.	Gef. Nr.	Gesetzt: Nr. 15	Nr. 11	Nr. 34	Nr. 16	Insges. gesetzt	Erhalten	Stand des Spiels
		Der neue Favorit 19 ersetzt die 16						
		15	11	34	19			
121	8	3	3	3	3	12	—	— 192
122	6	4	4	4	4	16	—	— 208
123	31	4	4	4	4	16	—	— 224
124	34	5	5	5	5	20	180	— 64
125	15	1	1	1	1	4	36	— 32
126	36	1	1	1	1	4	—	— 36
127	8	1	1	1	1	4	—	— 40
128	14	1	1	1	1	4	—	— 44
129	17	1	1	1	1	4	—	— 48
130	31	1	1	1	1	4	—	— 52
131	11	1	1	1	1	4	36	— 20
132	24	1	1	1	1	4	—	— 24
133	30	1	1	1	1	4	—	— 28
134	27	1	1	1	1	4	—	— 32
135	30	1	1	1	1	4	—	— 36
136	13	1	1	1	1	4	—	— 40
		Der neue Favorit 13 ersetzt die 34						
		15	11	13	19			
137	36	1	1	1	1	4	—	— 44
138	12	1	1	1	1	4	—	— 48
139	3	1	1	1	1	4	—	— 52
140	17	2	2	2	2	8	—	— 60
141	36	2	2	2	2	8	—	— 68
142	28	2	2	2	2	8	—	— 76
143	6	2	2	2	2	8	—	— 84
144	15	3	3	3	3	12	108	+ 12
145	21	1	1	1	1	4	—	+ 8
146	16	1	1	1	1	4	—	+ 4
147	28	1	1	1	1	4	—	+ 0
148	31	1	1	1	1	4	—	— 4
149	33	1	1	1	1	4	—	— 8
150	13	1	1	1	1	4	36	+ 24

Coup Nr.	Gef. Nr.	Gesetzt: Nr. 15	Nr. 11	Nr. 13	Nr. 19	Insges. gesetzt	Erhalten	Stand des Spiels
151	7	1	1	1	1	4	—	+ 20
152	1	1	1	1	1	4	—	+ 16
153	16	1	1	1	1	4	—	+ 12
		Der neue Favorit 16 ersetzt die 19						
		15	11	13	16			
154	13	1	1	1	1	4	36	+ 44
155	21	1	1	1	1	4	—	+ 40
156	13	1	1	1	1	4	36	+ 72
157	4	1	1	1	1	4	—	+ 68
158	22	1	1	1	1	4	—	+ 64
159	32	1	1	1	1	4	—	+ 60
160	8	1	1	1	1	4	—	+ 56
161	14	1	1	1	1	4	—	+ 52
162	0	1	1	1	1	4	—	+ 48
163	10	1	1	1	1	4	—	+ 44
164	9	1	1	1	1	4	—	+ 40
165	19	2	2	2	2	8	—	+ 32
		Der neue Favorit 19 ersetzt die 11						
		15	19	13	16			
166	29	2	2	2	2	8	—	+ 24
167	17	2	2	2	2	8	—	+ 16
168	34	2	2	2	2	8	—	+ 8
169	19	3	3	3	2	12	108	+ 104
170	17	1	1	1	1	4	—	+ 100
171	22	1	1	1	1	4	—	+ 96
172	29	1	1	1	1	4	—	+ 92
173	15	1	1	1	1	4	36	+ 124
174	25	1	1	1	1	4	—	+ 120
175	25	1	1	1	1	4	—	+ 116
176	4	1	1	1	1	4	—	+ 112
177	25	1	1	1	1	4	—	+ 108

Coup Nr.	Gef. Nr.	Gesetzt: Nr. 15	Nr. 19	Nr. 13	Nr. 16	Insges. gesetzt	Erhalten	Stand des Spiels
178	14	1	1	1	1	4	—	+ 104
179	17	1	1	1	1	4	—	+ 100
180	29	1	1	1	1	4	—	+ 96
181	12	1	1	1	1	4	—	+ 92
182	9	2	2	2	2	8	—	+ 84
183	6	2	2	2	2	8	—	+ 76
184	22	2	2	2	2	8	—	+ 68
185	6	2	2	2	2	8	—	+ 60
186	16	3	3	3	3	12	108	+ 156

Das Spiel muß hier beendet werden. Wer die bespielte Permanenz zur Hand hat. wird feststellen, daß sich beim Weiterspielen der Gewinn verdoppelt hätte. Nach den Richtlinien über das Spielbeenden, war jedoch bei + 156 die Sitzung abzubrechen.

Spielsystem Nr. 7 „Methode Garcia"

Der älteren Roulette-Elite wird der Name Garcia ein Begriff sein. Wer ihn jedoch zum erstenmal hört, dem sei gesagt, daß Garcia der größte Roulettespieler aller Zeiten war. Wenn dieser Spanier, er lebte im vorigen Jahrhundert, einen Spielsaal betrat, so wußte das anwesende Publikum, daß es jetzt Zeuge eines unbarmherzigen Duells sein würde. In den meisten Fällen endete es so, daß nach einigen Stunden die Bank um mehrere hunderttausend Taler erleichtert war.
Und doch starb Garcia arm, sehr arm. Weshalb? Man weiß es nicht genau. Wahrscheinlich war für ihn das Roulettespiel nur ein Mittel zur Erzeugung höchster Spannung. Wir würden heut sagen, er fand Gefallen daran, gefährlich zu leben. Eine solche Einstellung mußte früher oder später zum Untergang führen. Es waren also nicht Mängel in der Konzeption seines Spiels an seinem Untergang schuld.
Betrachtet man Garcias Setztechnik genauer, so wird man erstaunt über ihre Einfachheit sein. Er spielte mit sehr hohen Sätzen auf Ein-

fache Chancen. Die Höhe dieser Sätze war so festgelegt, daß sie im Verlustfalle noch 5 mal um 20 % gesteigert werden konnte. Bei dem fünften Satz wurde erst das Maximum erreicht. Ein Beispiel: das Maximum war 10 000. Der erste Satz betrug 5000. Verlor er, wurden 6000 gesetzt. Verlor dieser auch, wurden 7000 gesetzt usw. bis zum Maximum. Im Gewinnfalle mußte der gleiche Weg rückwärts gegangen werden. Wir haben es hier mit einer maßvollen Progression zu tun, mit einer Art D'Alembert.

Mit dieser Methode wollen wir einmal, spaßeshalber, in den Dimensionen des Garcia-Spieles operieren. Gewiß, ein Spiel mit solchen Riesensummen ist Utopie. Aber der Garcia „en miniature" braucht ja nur dort, wo sein großes Vorbild 5000 aufs Tableau legte, 50 oder gar nur 5 zu setzen und schon wird aus Utopia eine Realität. Garcia spielte „mit der Bank". Er setzte die Gagnante nach folgendem festen Schema: Nachdem eine Einfache Chance ein viermaliges Intermittieren zeigte, begann sein Spiel mit dem ersten Satz auf diese Chance. Es wurde auf die oben besprochene Weise so lange durchgeführt, bis etwa eine Einheit, in diesem Falle 5000, gewonnen war. Natürlich kam es vor, daß zwei Einfache Chancen zu gleicher Zeit mit verschiedenen Sätzen gespielt werden mußten.

Wir wollen sein Spiel sofort an einer authentischen Permanenz ausprobieren. Vielleicht gelingt es uns, die „Bank zu sprengen".

Permanenz vom 13. 9. 1954 Bad Neuenahr.

Coup Nr.	Gef. Nr.	Gekommene Chancen						Gesetzt:						Insges. gesetzt	Erhalten	Stand des Spiels
		R	S	Pr	J	Pa	M	R	S	Pr	J	Pa	M			
1	9	+			+		+									
2	16	+		+			+									
3	20		+	+		+										
4	34	+		+		+										
5	4		+	+			+									
6	29		+		+	+										
7	23	+			+	+										
8	13		+		+		+									
9	22		+	+		+										
10	11		+		+		+									
11	14	+		+			+									

Coup Nr.	Gef. Nr.	Gekommene Chancen						Gesetzt:						Insges. gesetzt	Erhal-ten	Stand des Spiels
		R	S	Pr	J	Pa	M	R	S	Pr	J	Pa	M			
12	25	+			+	+										
13	36	+		+		+					5			5	—	— 5
14	0									6				6	—	— 11
15	18	+		+			+								6	— 5
16	0														—	— 11
17	25	+			+	+									—	— 11
18	24		+	+		+					7			7	—	— 18
19	22		+	+		+				8				8	16	— 10
20	36	+		+		+				7				7	14	— 3
21	21	+			+	+				6				6	—	— 9
22	30	+		+		+					7			7	—	— 16
23	36	+		+		+				8				8	16	— 8
24	27	+			+	+				7				7	—	— 15
25	36	+		+		+					8			8	—	— 23
26	21	+			+	+				9				9	—	— 32
27	18	+		+			+				10			10	—	— 42
28	25	+			+	+				10				10	—	— 52
29	1	+			+		+				10			10	20	— 42
30	12	+		+			+				9			9	—	— 51
31	26		+	+		+				10				10	20	— 41
32	17		+		+		+			9				9	—	— 50
33	27	+			+	+					10			10	20	— 40
34	36	+		+		+					9			9	—	— 49
35	34	+		+		+				10				10	20	— 39
36	11		+		+		+			9				9	—	— 48
37	2		+	+			+				10			10	—	— 58
38	4		+	+			+			10				10	20	— 48
39	8		+	+			+			9				9	18	— 39
40	19	+			+	+				8				8	—	— 47
41	16	+		+			+				9			9	—	— 56
42	9	+			+		+			10				10	—	— 66
43	19	+			+	+					10			10	20	— 56

Coup Nr.	Gef. Nr.	Gekommene Chancen						Gesetzt:						Insges. gesetzt	Erhal-ten	Stand des Spiels
		R	S	Pr	J	Pa	M	R	S	Pr	J	Pa	M			
44	13		+		+		+				9			9	18	— 47
45	5	+			+		+				8			8	16	— 39
46	31		+		+	+					7			7	14	— 32
47	12	+		+			+				6			6	—	— 38
48	20		+	+		+		5		7				12	14	— 36
49	16	+		+			+		6	6				12	12	— 36
50	9	+			+		+	7		5				17	24	— 29
51	3	+			+		+	6			6		6	12	24	— 17
52	13		+		+		+	5			5			10	10	— 17
53	0								6		5			11	—	— 28
54	18	+		+			+							—	—	— 28
55	32	+		+		+		7		6				13	26	— 15
56	20		+	+		+		6		5				11	10	— 16
57	19	+			+	+			7	5				12	—	— 28
58	5	+			+		+	8			6			14	28	— 14
59	3	+			+		+	7			5			12	24	— 2
60	8		+	+			+	6			5			11	—	— 13
61	16	+		+			+		7	6				13	12	— 14
62	18	+		+			+	8		5				13	26	— 1
63	22		+	+		+		7						7	—	— 8
64	4		+	+			+		8					8	16	— 0
65	17		+		+		+		7					7	14	+ 7
66	4		+	+			+		6					6	12	+ 13
67	32	+		+		+										
68	26		+	+		+										
69	15		+		+		+									
70	27	+			+	+										
71	29		+		+	+										
72	30	+		+		+										
73	13		+		+		+									
74	7	+			+		+		5					5	—	+ 8
75	13		+		+		+	6						6	—	+ 2

Coup Nr.	Gef. Nr.	Gekommene Chancen						Gesetzt:						Insges. gesetzt	Erhal-ten	Stand des Spiels
		R	S	Pr	J	Pa	M	R	S	Pr	J	Pa	M			
76	12	+		+			+		7					7	—	— 5
77	11		+		+		+	8						8	—	— 13
78	25	+			+	+			9					9	—	— 22
79	7	+			+		+	10						10	20	— 12
80	0							9						9	—	— 21
81	32	+		+		+								—	9	— 12
82	31		+		+	+		9						9	—	— 21
83	27	+			+	+			10					10	—	— 31
84	20		+	+		+		10						10	—	— 41
85	32	+		+		+			10					10	—	— 51
86	7	+			+		+	10						10	20	— 41
87	5	+			+		+	9						9	18	— 32
88	30	+		+		+		8						8	16	— 24
89	30	+		+		+		7						7	14	— 17
90	5	+			+		+	6						6	12	— 11
91	32	+		+		+		5						5	10	— 6
92	30	+		+		+		5						5	10	— 1
93	31		+		+	+		5						5	—	— 6
94	9	+			+		+		6					6	—	— 12
95	35		+		+	+		7						7	—	— 19
96	8		+	+			+		8					8	16	— 11
97	23	+			+	+			7					7	—	— 18
98	28		+	+		+		8				5		13	10	— 21
99	0								9					9	—	— 30
100	26		+	+		+								—	9	— 21
101	4		+	+			+		9					9	18	— 12
102	15		+		+		+		8					8	16	— 4
103	22		+	+		+			7					7	14	+ 3
104	15		+		+		+		6					6	12	+ 9
105	10		+	+			+		5					5	10	+ 14
106	35		+		+	+			5	5				10	10	+ 14
107	30	+		+		+			5		6			11	—	+ 3

Coup Nr.	Gef. Nr.	Gekommene Chancen R	S	Pr	J	Pa	M	Gesetzt: R	S	Pr	J	Pa	M	Insges. gesetzt	Erhal-ten	Stand des Spiels
108	6		+	+			+	6		7				13	14	+ 4
109	18	+		+			+		7	6				13	12	+ 3
110	25	+			+	+		8		5				13	16	+ 6
111	32	+		+		+		7			6			13	14	+ 7
112	21	+			+	+		6		7				13	12	+ 6
113	1	+			+		+	5			8			13	26	+ 19
114	32	+		+			+				7			7	—	+ 12
115	17		+		+		+			8				8	—	+ 4
116	16	+		+			+				9			9	—	— 5
117	6		+	+			+			10				10	20	+ 5
118	32	+		+		+				9				9	18	+ 14
119	31		+		+	+		5		8				13	—	+ 1
120	16	+		+			+		6		9			15	—	— 14
121	7	+			+		+	7		10				17	14	— 17
122	17		+		+		+	6			10			16	20	— 13
123	27	+			+	+			7		9			16	18	— 11
124	21	+			+	+		8			8			16	32	+ 5
125	15		+		+		+	7			7			14	14	+ 5
126	10		+	+			+		8		6			14	16	+ 7
127	26		+	+		+			7	7				14	28	+ 21
128	28		+	+		+			6	6				12	24	+ 33
129	30	+		+		+				5				5	10	+ 38

Herr Garcia hätte an dieser Permanenz eine harte Nuß zu knacken gehabt. Nach etwa vierstündigem Spiel, müßte er sich mit dem „bescheidenen" Gewinn von 38 000 Mark begnügen. Sein Nachahmer, der 50 statt 5000 setzte, hätte 380 Mark gewonnen und der 5 Mark-Setzer 38 Mark.

Bei objektiver Betrachtung wird der Leser zu dem Schluß kommen, daß diese Methode unseren heutigen Ansichten über erfolgreiches Roulettespiel, nicht mehr entspricht.

In seiner Erzählung „Der Spieler" schildert Dostojewski, der ja selbst ein leidenschaftlicher Spielbankbesucher war, die Art, in der damals gesetzt wurde. Sie war, für unsere heutigen Begriffe, plump. Man wollte in jener Zeit das diffizile Rouletteproblem sozusagen „mit der Brechstange“ lösen. Welch himmelweiter Unterschied zwischen den damaligen Methoden und der genial durchdachten Systematik, mit der in jüngster Zeit ein Spieler, dessen Namen wir alle kennen, mehr als 2 Millionen gewann.

Spielsystem Nr. 8 „Methode Jung“

Mit dem leitenden Angestellten einer großen Spielbank, nennen wir ihn Herrn X, unterhielt ich mich einmal privat über die Erfolgsaussichten der einzelnen Spielergruppen. Der Inhalt des Gespräches war etwa folgender:

Ich: „Welche Gruppe von Spielern hat. nach Ihrer Meinung, die größten Erfolgsaussichten?“

Herr X: „Zunächst will ich Ihnen einmal die Spieler nennen, die wir gar nicht fürchten. Da sind zunächst die sog. „wilden Spieler“, jene, die wahl- und planlos große Beträge setzen. Gewiß ist es auch vorgekommen. daß auf diese Weise vorübergehend groß gewonnen wurde. Aber erfahrungsmäßig blieben diese Gewinne weit hinter den Verlusten zurück. Ferner sind es die kleinen Progressionsspieler, die meistens mit viel zu geringem Kapital operieren und die das in mehreren Tagen mühsam Stück für Stück Gewonnene am unausbleiblichen „schwarzen Tag“ restlos verlieren“.

Ich: „Sie meinen also, daß Progressionsspieler gar keine Gewinnaussichten haben?“

Herr X: „Durchaus nicht. Ein Progressionsspieler kann, wenn er genügend Kapital hat und wenn er den Verlust an schlechten Tagen limitiert, jahrelang „vorn liegen“.“

Ich: „Wie ist es nun mit meiner ersten Frage, welche Spieler fürchtet die Bank?“

Herr X: „Es ist die verhältnismäßig kleine Gruppe der beherzten Parolispieler, die uns oft zu schaffen macht. Ohne allzugroße Beträge „ins Feuer“ zu schicken, lassen sie z. B. auf den Einfachen Chancen das Gewonnene vier-, fünfmal stehen. Die Bank spielt auf diese Weise gegen ihr eigenes Geld und kann im günstigsten Falle immer nur den ersten Satz des Spielers gewinnen. Wir haben es einmal ansehen müssen, wie ein Spieler, der mit 50 Mark Jetons auf den Einfachen Chancen spielte, durch beherzte Paroli in kurzer Zeit über 20 000 Mark gewann".

Ich: „Was halten Sie von den sog. Spieler-Syndikaten und ihren Erfolgsaussichten?"

Herr X: „Daß sich Spieler zu Syndikaten zusammenschließen, ist nicht neu. Lange vor dem Krieg war es das Griechen-Syndikat, das den europäischen Spielbanken Verluste in Höhe von 2 Millionen zufügte".

Ich: „Worin liegt der Vorteil des Syndikats?"

Herr X: „Der Vorteil liegt darin, daß das Syndikat großzügig operieren kann. Sie wissen selbst, daß es nicht schwer ist, 10 Einheiten zu gewinnen. Der 5 Mark-Spieler, für den diese 10 Einheiten einen Gewinn von 50 Mark ausmachen, kann nicht verhindern, daß ein Teil dieses geringfügigen Betrages durch die Spesen am Spielort aufgebraucht wird. Wenn das Syndikat, das mit 1000er Einheiten operiert, im gleichen Falle 10 000 Mark gewinnt, so liegt auf der Hand, daß die Spesen der Syndikatsmitglieder nur einen kleinen Bruchteil des Gewonnenen betragen.

Das Syndikats-Spiel schließt für die Bank die Gefahr ein, daß es zu einem Überschreiten der Maximalsätze ausarten kann. Ein solches, wie wir es nennen, Bandenspiel, ist unzulässig. Die Spielleitung kann es untersagen und nötigenfalls können Bandenspieler vom Spiel ausgeschlossen werden".

Für jeden Spieler dürfte es interessant sein, einmal die Ansicht der „anderen Seite" zu hören, besonders in Bezug auf das Parolispiel. Es soll hier bewiesen werden, daß ein solches auch mit relativ geringem Kapital durchgeführt werden kann.

Das Spezialsystem des Verfassers hat zum Ziel, alle sich auf drei Chancen bildenden Serien zu erfassen und auszunutzen. Bei dieser Methode ist es gleich, welche Chancen gewählt werden. Die Hauptsache ist die, daß man sie starr spielt.

Zum besseren Verständnis soll die Setztechnik zunächst an einer Chance erklärt werden. Erforderlich ist eine kleine Progression nach dem Schema:

1
2
4
8

Bei dem ersten Satz mit einer Einheit, spielen wir auf ein dreifaches Paroli. Der erste Gewinn bringt 2, das erste Paroli 4, das zweite Paroli 8 und das dritte Paroli 16 Einheiten. Verliert der erste Satz oder eines der drei Paroli, so wird der zweite Satz mit zwei Einheiten gemacht mit dem Ziel, jetzt nur zwei Paroli durchzubringen. Der erste Gewinn bringt 4, das erste Paroli 8, das zweite Paroli 16 Einheiten. Tritt bei einem dieser drei Coups ebenfalls ein Verlust ein, so folgt der dritte Satz mit 4 Einheiten und dem Ziel, nur noch ein Paroli durchzubringen. Verliert dieser auch, so ist der vierte Satz mit 8 Einheiten zu machen. Das Paroli fällt bei diesem Coup weg.

Nun kann es passieren, daß auch der vierte Satz verliert. In einem solchen Falle wird das Spiel auf der betr. Chance von vorn begonnen. In ganz ungünstigen Fällen können sogar zwei Staffelungen zu gleicher Zeit verlieren.

Dem Kapitalbedarf für diese Methode kann man ebenfalls die allgemeingültige Relation 1 zu 4 zugrunde legen. Eine Gewinnerwartung von 200 Mark, bedingt 800 Mark Spielkapital. Es ist nicht ratsam, mit weniger als 200 Einheiten zu beginnen.

Der Leser wird sich in der Erwartung, daß das Spezialsystem des Verfassers ganz besonders aussichtsreich ist, nicht enttäuscht sehen. Die Bestätigung dafür findet er nicht nur in der jetzt bespielten authentischen Permanenz vom 9. 1. 1955 Bad Neuenahr.

Coup Nr.	Gef. Nr.	Gesetzt: R	J	M	Insges. gesetzt	Erhalten	Stand des Spiels	
1	19	1	1	1	3	4	+ 1	
2	10	2	2	2	6	4	— 1	
3	17	2	2	4	8	12	+ 3	
4	15	4	4	8	16	24	+ 11	
5	2	8	8	1	17	2	— 4	Rot-Staffel verliert
6	36	1	4	2	7	2	— 9	
7	31	2	8	2	12	16	— 5	
8	17	2	1	4	7	10	— 2	
9	36	4	2	8	14	8	— 8	
10	11	8	2	8	18	20	— 6	
11	16	8	4	1	13	18	— 1	
12	15	1	4	2	7	12	+ 4	

Coup Nr.	Gef. Nr.	Gesetzt: R	J	M	Insges. gesetzt	Erhalten	Stand des Spiels	
13	9	2	8	4	14	28	+ 18	
14	23	4	1	8	13	10	+ 15	
15	5	8	2	2	12	24	+ 27	
16	28	1	4	4	9	—	+ 18	
17	13	2	2	4	8	12	+ 22	
18	7	4	4	8	16	32	+ 38	
19	12	8	8	1	17	18	+ 39	
20	30	1	4	2	7	2	+ 34	
21	18	2	8	2	12	8	+ 30	Impair-Staffel verliert
22	6	4	1	4	9	8	+ 29	
23	22	2	2	8	12	—	+ 17	
24	11	4	4	4	12	16	+ 21	
25	34	8	8	8	24	16	+ 13	
26	27	1	8	8	17	16	+ 12	Manque-Staffel verliert
27	12	2	1	1	4	6	+ 14	
28	8	4	2	2	8	4	+ 10	
29	22	2	4	4	10	—	+ 0	
30	9	4	8	2	14	28	+ 14	
31	34	8	1	4	13	16	+ 17	
32	35	1	2	4	7	4	+ 14	
33	24	2	4	8	14	—	+ 0	Manque-Staffel verliert
34	9	4	4	1	9	18	+ 9	
35	14	8	8	2	18	20	+ 11	
36	10	1	8	4	13	8	+ 6	Impair-Staffel verliert
37	28	2	1	8	11	—	— 5	
38	20	4	2	2	8	—	— 13	
39	31	8	4	4	16	8	— 21	Rot-Staffel verliert
40	9	1	8	8	17	34	— 4	
41	9	2	1	1	4	8	— 0	
42	28	4	2	2	8	—	— 8	
43	26	2	2	2	6	—	— 14	
44	1	4	4	4	12	24	— 2	

Coup Nr.	Gef. Nr.	Gesetzt: R	J	M	Insges. gesetzt	Erhalten	Stand des Spiels	
45	17	8	8	8	24	32	+ 6	
46	4	8	1	1	10	2	— 2	Rot-Staffel verliert
47	11	1	2	2	5	8	+ 1	
48	26	2	4	4	10	—	— 9	
49	16	4	4	2	10	12	— 7	
50	35	8	8	4	20	16	— 11	
51	28	8	1	4	13	—	— 24	Rot-Staffel verliert
52	16	1	2	8	11	18	— 17	
53	18	2	4	1	7	6	— 18	
54	36	4	8	2	14	8	— 24	Impair-Staffel verliert
55	6	8	1	2	11	4	— 31	
56	14	2	2	4	8	12	— 27	
57	15	4	4	8	16	24	— 19	
58	12	4	8	1	13	10	— 22	
59	18	8	8	2	18	20	— 20	Impair-Staffel verliert
60	1	1	1	4	6	12	— 14	
61	11	2	2	8	12	20	— 6	
62	34	2	4	1	7	4	— 9	
63	15	4	2	2	8	8	— 9	
64	13	4	4	4	12	16	— 5	
65	16	8	8	8	24	32	+ 3	
66	7	1	4	1	6	12	+ 9	
67	1	2	8	2	12	24	+ 21	
68	22	4	1	4	9	—	+ 12	
69	24	2	2	2	6	—	+ 6	
70	17	4	4	4	12	16	+ 10	
71	9	8	8	8	24	48	+ 34	
72	1	1	1	1	3	6	+ 37	
73	23	2	2	2	6	8	+ 39	
74	9	4	4	2	10	20	+ 49	
75	4	8	8	4	20	8	+ 37	
76	24	2	2	8	12	—	+ 25	

Coup Nr.	Gef. Nr.	Gesetzt: R	J	M	Insges. gesetzt	Erhalten	Stand des Spiels	
77	12	4	4	4	12	16	+ 29	
78	29	8	8	8	24	16	+ 21	
79	2	8	1	8	17	16	+ 20	Rot-Staffel verliert
80	34	1	2	1	4	2	+ 18	
81	16	2	4	2	8	8	+ 18	
82	15	4	8	4	16	24	+ 26	
83	27	2	1	8	11	6	+ 21	
84	23	4	2	4	10	12	+ 23	
85	5	8	4	8	20	40	+ 43	
86	24	1	8	1	10	—	+ 33	
87	11	2	2	2	6	8	+ 35	
88	7	4	4	4	12	24	+ 47	
89	8	8	8	8	24	16	+ 39	
90	11	8	4	1	13	2	+ 28	Rot-Staffel verliert
91	33	1	8	2	11	16	+ 33	
92	27	2	1	2	5	6	+ 34	
93	21	4	2	4	10	12	+ 36	
94	18	8	4	8	20	32	+ 48	
95	29	1	2	1	4	4	+ 48	
96	32	2	4	2	8	4	+ 44	
97	10	4	4	4	12	8	+ 40	
98	23	4	8	8	20	24	+ 44	
99	25	8	1	1	10	18	+ 52	
100	33	1	2	2	5	4	+ 51	
101	0	2	4	4	10	—	+ 41	
102	30				—	2	+ 43	
103	11	2	8	8	12	20	+ 51	
104	27	4	4	1	9	16	+ 58	
105	23	8	8	2	18	32	+ 72	
106	10	1	1	4	6	8	+ 74	
107	2	2	2	8	12	16	+ 78	
108	36	4	4	1	9	8	+ 77	

Coup Nr.	Gef. Nr.	Gesetzt: R	J	M	Insges. gesetzt	Erhalten	Stand des Spiels	
109	0	8	8	2	18	—	+ 59	
110	29				—	8	+ 67	
111	36	8	8	4	20	16	+ 63	Impair-Staffel verliert
112	4	1	1	8	10	16	+ 69	
113	21	2	2	1	5	8	+ 72	
114	5	4	4	2	10	20	+ 82	
115	25	8	8	4	20	32	+ 94	
116	20	1	1	4	6	—	+ 88	
117	9	2	2	8	12	24	+ 100	
118	8	4	4	1	9	2	+ 93	
119	13	4	4	2	10	12	+ 95	
120	12	8	8	4	20	24	+ 99	
121	25	1	8	8	17	18	+ 100	
122	14	2	1	2	5	8	+ 103	
123	10	4	2	4	10	8	+ 101	
124	21	2	4	8	14	12	+ 99	
125	0	4	8	4	16	—	+ 83	
126	25				—	12	+ 95	
127	21	4	8	8	20	24	+ 99	Manque-Staffel verliert
128	1	8	1	1	10	20	+ 109	
129	22	1	2	2	5	—	+ 104	
130	3	2	2	2	6	12	+ 110	
131	27	4	4	4	12	16	+ 114	
132	5	8	8	4	20	40	+ 134	
133	23	1	1	8	10	4	+ 128	
134	9	2	2	8	12	24	+ 140	
135	14	4	4	1	9	10	+ 141	
136	3	8	2	2	12	24	+ 153	
137	14	1	4	4	9	10	+ 154	
138	21	2	4	8	14	12	+ 152	
139	36	4	8	2	14	8	+ 146	
140	7	8	8	4	20	40	+ 166	

Berücksichtigt man, daß bei dieser Permanenz 14 Staffeln mit insgesamt 210 Einheiten verloren gingen, so ist der erzielte Gewinn von 166 Einheiten sehr beachtlich.

Wer sich mit einem geringeren Gewinn begnügt, kann den Sicherheitsfaktor dadurch verstärken, daß er nur mit einer dreifachen Staffelung spielt. Die Gewinne sind dann häufiger, aber dem Wert nach geringer.

Bei der dreifachen Staffelung kann auch von dem starren Spiel abgegangen werden. Dadurch erfaßt man die Favoriten aller sechs Einfachen Chancen. Es wird jedem Spieler einleuchten, daß mit allergrößter Wahrscheinlichkeit serienbildende und favorisierende Chancen identisch sind.

Spielsystem Nr. 9 „Die 24 Nummern"

Es handelt sich hier um den, in dem Abschnitt Roulette-Terminologie ausführlich erläuterten ET-Satz, also um ein Spiel auf 24 Nummern. Die Tendenz dieser Methode ist Progression mit angehängtem Paroli. Aus den folgenden vier Sätzen besteht die Staffelung:

4
8
16
24

Jedem gewonnenen Coup folgt ein einziges Paroli. Gespielt wird mit der Bank. Es ist unvermeidlich, daß das Paroli des ersten Satzes nicht mit ET gemacht werden kann, da die erhaltenen 6 Einheiten (soweit es sich um 2er oder 5er Jetons handelt) nicht durch 4 teilbar sind. In diesem einen Falle muß also der Dutzend-Satz gemacht werden. Bei den drei anderen Parolis wird jedoch streng die ET-Manier eingehalten. Wer probeweise eine längere Permanenz durchspielt, wird feststellen können, wieviel Einheiten auf diese Weise beim Erscheinen von Zéro gerettet werden.

Bei dieser Spielart sind stärkere Ecarts unvermeidlich. Wichtig ist nur, daß innerhalb einer Gewinnsträhne aufgehört wird.

Nun zum Spiel selbst. Als Lehrbeispiel soll die Permanenz vom 13. 1. 1955 Bad Neuenahr genommen werden.

Coup Nr.	Gef. Nr.	Gesetzt: Pa	Tr. 13—18	M	Tr. 19—24	Dutzend I.	II.	III.	Insges. gesetzt	Erhalten	Stand des Spiels
1	35										
2	3	3	1						4	—	— 4
3	3			6	2				8	12	— 0
4	6			9	3				12	18	+ 6
5	29			3	1				4	—	+ 2
6	19	6	2						8	12	+ 6
7	6	9	3						12	—	— 6
8	0			12	4				16	—	— 22
9	26	Prison verliert							—	—	— 22
10	0	18	6						24	—	— 46
11	30	Prison gewinnt							—	18	— 28
12	26	18	6						24	36	— 16
13	25	27	9						36	54	+ 2
14	0	3	1						4	—	— 2
15	15	Prison verliert							—	—	— 2
16	10			6	2				8	12	+ 2
17	28			9	3				12	—	— 10
18	18	12	4						16	24	— 2
19	27			18	6				24	—	— 26
20	13	18	6						24	36	— 14
21	1			27	9				36	54	+ 4
22	2			3	1				4	6	+ 6
23	18					3	3		6	9	+ 9
24	34			3	1				4	—	+ 5
25	8	6	2						8	—	— 3
26	4			12	4				16	24	+ 5
27	21			18	6				24	36	+ 17
28	34	3	1						4	6	+ 19
29	26						3	3	6	9	+ 22
30	18	3	1						4	6	+ 24
31	17					3	3		6	9	+ 27

Coup Nr.	Gef. Nr.	Gesetzt:							Insges. gesetzt	Erhalten	Stand des Spiels
		Pa	Tr. 13—18	M	Tr. 19—24	Dutzend I.	II.	III.			
32	11			3	1				4	6	+ 29
33	20					3	3		6	9	+ 32
34	33	3	1						4	6	+ 34
35	22						3	3	6	9	+ 37
36	10	3	1						4	—	+ 33
37	27			6	2				8	—	+ 25
38	6	12	4						16	—	+ 9
39	8			18	6				24	36	+ 21
40	3			27	9				36	54	+ 39
41	21			3	1				4	6	+ 41
42	8						3	3	6	—	+ 35
43	27			6	2				8	—	+ 27
44	16	12	4						16	24	+ 35
45	31			18	6				24	—	+ 11
46	23	18	6						24	36	+ 23
47	30	27	9						36	54	+ 41
48	14	3	1						4	6	+ 43
49	14					3	3		6	9	+ 46
50	23			3	1				4	6	+ 48
51	16						3	3	6	9	+ 51
52	16			3	1				4	6	+ 53
53	8					3	3		6	9	+ 56
54	25			3	1				4	—	+ 52
55	14	6	2						8	12	+ 56
56	8			9	3				12	18	+ 62
57	8			3	1				4	6	+ 64
58	4					3	3		6	9	+ 67
59	7			3	1				4	6	+ 69
60	36					3	3		6	—	+ 63
61	27	6	2						8	12	+ 67
62	36	9	3						12	18	+ 73

Coup Nr.	Gef. Nr.	Gesetzt:							Insges. gesetzt	Erhalten	Stand des Spiels
		Pa	Tr. 13—18	M	Tr. 19—24	Dutzend I.	II.	III.			
63	20	3	1						4	6	+ 75
64	8						3	3	6	—	+ 69
65	26			6	2				8	—	+ 61
66	20	12	4						16	24	+ 69
67	31	18	6						24	36	+ 81
68	4	3	1						4	—	+ 77
69	25			6	2				8	—	+ 69
70	16	12	4						16	24	+ 77
71	21			18	6				24	36	+ 89
72	35	3	1						4	6	+ 91
73	10						3	3	6	—	+ 85
74	0			6	2				8	—	+ 77
75	21	Prison verliert									+ 77
76	36	12	4						16	24	+ 85
77	33	18	6						24	36	+ 97
78	27	3	1						4	6	+ 99
79	20						3	3	6	9	+102
80	34	3	1						4	6	+104
81	11						3	3	6	—	+ 98
82	27			6	2				8	—	+ 90
83	29	12	4						16	24	+ 98
84	12	18	6						24	—	+ 74
85	3			18	6				24	36	+ 86
86	23			27	9				36	54	+104
87	35	3	1						4	6	+106
88	16						3	3	6	9	+109
89	24			3	1				4	6	+111
90	31						3	3	6	9	+114
91	16	3	1						4	6	+116
92	21					3	3		6	9	+119

Coup Nr.	Gef. Nr.	Gesetzt:							Insges. gesetzt	Erhalten	Stand des Spiels
		Pa	Tr. 13—18	M	Tr. 19—24	Dutzend I.	II.	III.			
93	26	3	1						4	6	+ 121
94	32						3	3	6	9	+ 124
95	12	3	1						4	—	+ 120
96	36			6	2				8	—	+ 112
97	1	12	4						16	—	+ 96
98	16			18	6				24	36	+ 108
99	17			27	9				36	54	+ 126

Erläuterung:

Bei dieser Permanenz überwog nur bei den ersten 20 Coups das Intermittieren. Die Coups Nr. 4, 13, 21, 23, 27, 29, 31, 33, 35, 40, 47, 49, 51, 53, 56, 58, 62, 67, 71, 77, 79, 86, 88, 90, 92, 94, 99 brachten die Gewinne.

Für die Höhe des erforderlichen Spielkapitals und die Gewinnerwartung ist auch hier, wie bei allen anderen Methoden, die Relation 1 zu 4 anzuwenden. Geht man davon aus, daß das vorgeführte Probespiel mit 2er Jetons gesetzt wurde, so ist der, in etwa 2½ Stunden erzielte Gewinn von 252.— Mark, ein sehr gutes Ergebnis.

Spielsystem Nr. 10 „Magnet“

Was würden Sie, verehrter Leser, zu einer Methode sagen, deren Konzeption so ist, daß sie automatisch alle sich bildenden Serien dreier Einfachen Chancen mit hohen Sätzen erfaßt, während die Verluste des Intermittierens dieser Chancen, überwiegend durch niedrige Sätze bestritten werden. Sie würden vielleicht ungläubig den Kopf schütteln und argumentieren, daß ja niemand den Beginn der Serienbildung voraussagen kann. Das stimmt. Voraussagen kann ihn niemand. Bei dieser Methode ist das jedoch belanglos. Wichtig ist nur, daß sich überhaupt Serien bilden. Da aber dieses System drei Einfache Chancen zugleich erfaßt, so ist ein totales Ausbleiben von Serien so gut wie unmöglich.

Es sei allerdings nachdrücklichst darauf hingewiesen, daß diese Methode große Ansprüche an die Konzentration des Spielers stellt.

Interessant ist, daß das System nach mehreren Seiten hin variiert werden kann. Es schließt auch noch die Möglichkeit ein, die Satzhöhe zu modulieren. Darauf kommen wir noch später zurück.

Am besten ist es, man beginnt mit dem s t a r r e n Spiel.

Die Setztechnik: Wie schon erwähnt, werden drei Einfache Chancen gleichzeitig gespielt. Diese drei sucht man sich vor Spielbeginn aus und wechselt den Marsch erst dann, wenn sich ein schlechter Lauf ergibt.

Nehmen wir an, man entschließt sich für Schwarz, Pair, Passe. Auf diese drei Chancen wird der erste Satz mit

Schwarz	Pair	Passe	
8	8	8	Einheiten

gemacht. Gewinnt einer dieser Sätze, so wird seine Höhe für den folgenden Coup beibehalten. Diejenigen Sätze, die verlieren, werden beim nächsten Coup in h a l b e r Höhe gemacht und im erforderlichen Falle bis auf e i n e E i n h e i t r e d u z i e r t. Der reduzierte Satz, der gewinnt, wird für das nächste Spiel verdoppelt. Dies natürlich immer nur bis zur Höhe von 8 Einheiten.

Beispiel:	Schwarz	Pair	Passe
	8	8	8

Gefallene Nummer 14. Nur Pair gewann. Der nächste Satz sieht

dann so aus:	4	8	4

Gefallene Nummer 31. Schwarz und Passe gewannen. Ihre Sätze erhöhten sich. Der Pair-Satz wird reduziert.

	8	4	8

Gefallene Nummer 10. Schwarz und Pair gewannen. Nächster Satz:

	8	8	4

In dieser Weise wird fortgefahren bis entweder die Gewinnerwartung erfüllt ist, oder eine, durch schlechten Lauf bedingte, Marschänderung vorgenommen werden muß. Diese besteht aber nicht etwa in einem Überwechseln zu den G e g e n c h a n c e n, sondern darin, daß das starre Spiel durch das bewegliche a b g e l ö s t wird.

Ein abschließendes Urteil über die Haltbarkeit des Systems gibt erst das praktische Spiel. Ein solches folgt hier, mit Permanenz vom 27. 1. 1955 Bad Neuenahr.

Coup Nr.	Gef. Nr.	Gesetzt: S	Pr	Pa	Insgesamt gesetzt	Erhalten	Stand des Spiels
1	14	8	8	8	24	16	8
2	18	4	8	4	16	16	— 8
3	27	2	8	2	12	4	— 16
4	29	1	4	4	9	10	— 15
5	31	2	2	8	12	20	— 7
6	4	4	1	8	13	10	— 10
7	26	8	2	4	14	28	+ 4
8	22	8	4	8	20	40	+ 24
9	15	8	8	8	24	16	+ 16
10	4	8	4	4	16	24	+ 24
11	8	8	8	2	18	32	+ 38
12	8	8	8	1	17	32	+ 53
13	2	8	8	1	17	32	+ 68
14	17	8	8	1	17	16	+ 67
15	33	8	4	1	13	18	+ 72
16	7	8	2	2	12	—	+ 60
17	19	4	1	1	6	2	+ 56
18	27	2	1	2	5	4	+ 55
19	22	1	1	4	6	12	+ 61
20	1	2	2	8	12	—	+ 49
21	5	1	1	4	6	—	+ 43
22	12	1	1	2	4	2	+ 41
23	32	1	2	1	4	6	+ 43
24	20	1	4	2	7	14	+ 50
25	11	2	8	4	14	4	+ 40
26	30	4	4	2	10	12	+ 42
27	11	2	8	4	14	4	+ 32
28	29	4	4	2	10	12	+ 34
29	12	8	2	4	14	4	+ 24
30	12	4	4	2	10	8	+ 22
31	0	2	8	1	11	—	+ 11
32	33				—	3	+ 14

Coup Nr.	Gef. Nr.	Gesetzt: S	Pr	Pa	Insgesamt gesetzt	Erhalten	Stand des Spiels
33	16	2	4	1	7	8	+ 15
34	21	1	8	1	10	2	+ 6
35	7	1	4	2	7	—	+ 0
36	4	1	2	1	4	6	+ 2
37	6	2	4	1	7	12	+ 7
38	18	4	8	1	13	16	+ 10
39	9	2	8	1	11	—	— 1
40	2	1	4	1	6	10	+ 3
41	29	2	8	1	11	6	— 2
42	14	4	4	2	10	8	— 4
43	17	2	8	1	11	4	— 11
44	20	4	4	1	9	18	— 2
45	10	8	8	2	18	32	+ 12
46	15	8	8	1	17	16	+ 11
47	25	8	4	1	13	2	+ 0
48	36	4	2	2	8	8	+ 0
49	31	2	4	4	10	12	+ 2
50	34	4	2	8	14	20	+ 8
51	0	2	4	8	14	—	— 6
52	12				—	4	— 2
53	20	1	4	4	9	18	+ 7
54	15	2	8	8	18	4	— 7
55	25	4	4	4	12	8	— 11
56	5	2	2	8	12	—	— 23
57	14	1	1	4	6	2	— 27
58	32	1	2	2	5	8	— 24
59	15	1	4	4	9	2	— 31
60	24	2	2	2	6	12	— 25
61	33	4	4	4	12	16	— 21
62	1	8	2	8	18	—	— 39
63	26	4	1	4	9	18	— 30
64	2	8	2	8	18	20	— 28

Coup Nr.	Gef. Nr.	Gesetzt: S	Pr	Pa	Insgesamt gesetzt	Erhalten	Stand des Spiels
65	34	8	4	4	16	16	— 28
66	12	4	8	8	20	16	— 32
67	11	2	8	4	14	4	— 42
68	35	4	4	2	10	12	— 40
69	9	8	2	4	14	—	— 54
70	34	4	1	2	7	6	— 55
71	19	2	2	4	8	8	— 55
72	16	1	1	8	10	2	— 63
73	19	1	2	4	7	8	— 62
74	31	1	1	8	10	18	— 54
75	14	2	1	8	11	2	— 63
76	17	1	2	4	7	2	— 68
77	22	2	1	2	5	10	— 63
78	0	4	2	4	10	—	— 73
79	0						
80	27				—	—	— 73
81	18	2	1	4	7	2	— 78
82	2	1	2	2	5	6	— 77
83	24	2	4	1	7	14	— 70
84	17	4	8	2	14	8	— 76
85	24	8	4	1	13	26	— 63
86	25	8	8	2	18	4	— 77
87	22	4	4	4	12	24	— 65
88	27	8	8	8	24	16	— 73
89	6	4	4	8	16	16	— 73
90	9	8	8	4	20	—	— 93
91	18	4	4	2	10	8	— 95
92	34	2	8	1	11	18	— 88
93	5	1	8	2	11	—	— 99
94	33	1	4	1	6	4	—101
95	28	2	2	2	6	12	— 95
96	19	4	4	4	12	8	— 99

Coup Nr.	Gef. Nr.	Gesetzt: S	Pr	Pa	Insgesamt gesetzt	Erhalten	Stand des Spiels
97	19	2	2	8	12	16	—103
98	29	1	1	8	10	18	— 87
99	20	2	1	8	11	22	— 76
100	24	4	2	8	14	28	— 62
101	4	8	4	8	20	24	— 58
102	28	8	8	4	20	32	— 46
103	7	8	8	8	24	—	— 70
104	31	4	4	4	12	16	— 66
105	4	8	2	8	18	20	— 64
106	11	8	4	4	16	16	— 64
107	28	8	2	2	12	24	— 52
108	8	8	4	4	16	24	— 44
109	8	8	8	2	18	32	— 30
110	30	8	8	1	17	18	— 29
111	15	4	8	2	14	8	— 35
112	26	8	4	1	13	26	— 22
113	21	8	8	2	18	4	— 36
114	25	4	4	4	12	8	— 40
115	33	2	2	8	12	20	— 32
116	15	4	1	8	13	8	— 37
117	33	8	1	4	13	24	— 26
118	20	8	1	8	17	34	— 9
119	11	8	2	8	18	16	— 11

Diese, an sich nicht günstige Permanenz, wurde absichtlich gewählt um dem Leser zu zeigen, wie in einem solchen Falle zu verfahren ist. Bei Coup 119 beenden wir das starre Spiel und gehen von da an mit der Bank. Das zuletzt Erschienene ist also, analog der bisher angewendeten Regel, nachzusetzen. Wenn die Gewinnerwartung ursprünglich bei 100 Einheiten lag (Kapitalbedarf das Vierfache), so muß sie jetzt um die Hälfte reduziert werden.

Coup Nr.	Gef. Nr.	Gesetzt: R	S	Pr	I	Pa	M	Insgesamt gesetzt	Erhalten	Stand des Spiels
1	11									
2	5		8		8		8	24	32	+ 8
3	28	4			8		8	20	—	— 12
4	16		2	4		4		10	8	— 14
5	1	1		8			2	11	6	— 19
6	10	2			4		4	10	8	— 21
7	5		1	2			8	11	16	— 16
8	13	1			1		8	10	18	— 8
9	31		1		2		8	11	6	— 13
10	23		2		4	4		10	16	— 7
11	21	1			8	8		17	34	+ 10
12	2	2			8	8		18	—	— 8
13	31		1	4			4	9	2	— 15
14	19		2		2	2		6	8	— 13
15	3	1			4	4		9	10	— 12
16	7	2			8		2	12	24	— 0
17	5	4			8		4	16	32	+ 16
18	32	8			8		8	24	16	+ 8
19	10	8		4		4		16	8	+ 0
20	5		4	8			2	14	4	— 10
21	27	2			4		4	10	12	— 8
22	3	4			8	2		14	24	+ 2
23	9	8			8		1	17	34	+ 19
24	34	8			8		2	18	16	+ 17
25	8	8		4		1		13	24	+ 28
26	9		4	8			1	13	2	+ 17
27	20	2			4		2	8	—	+ 9
28	12		1	2		1		4	4	+ 9
29	12	1		4			1	6	12	+ 15
30	21	2		8			2	12	4	+ 7
31	16	4			4	1		9	8	+ 6
32	12	8		2			1	11	22	+ 17

Coup Nr.	Gef. Nr.	Gesetzt:						Insgesamt gesetzt	Erhalten	Stand des Spiels
		R	S	Pr	I	Pa	M			
33	3	8		4			2	14	20	+ 23
34	30	8			2		4	14	16	+ 25
35	14	8		1		2		11	18	+ 32
36	16	8		2			1	11	22	+ 43
37	25	8		4			2	14	16	+ 45
38	13	8			2	1		11	4	+ 38
39	31		4		4		1	9	16	+ 45
40	8		8		8	1		17	16	+ 44
41	26		8	4			1	13	24	+ 55
42	27		8	8		1		17	2	+ 40
43	1	4			4	2		10	16	+ 46
44	32	8		2			1	11	16	+ 51
45	0	8		4		1		13	—	+ 38
46	26							—	5	+ 43
47	34		4	4		1		9	10	+ 44
48	15	2		8		2		12	—	+ 32
49	7		1		4		1	6	10	+ 36
50	28	1			8		2	11	—	+ 25
51	17		1	4		1		6	2	+ 21
52	31		2		2		1	5	8	+ 24
53	0		4		4	1		9	—	+ 15
54	8							—	4	+ 19
55	18		4	2			1	7	6	+ 18
56	33	2		4			2	8	—	+ 10
57	22		1		2	1		4	4	+ 10
58	10		2	1		2		5	6	+ 11
59	25		4	2			1	7	—	+ 4
60	0	2			1	1		4	—	+ 0
61	27							—	4	+ 4
62	12	2			1	1		4	6	+ 6
63	2	4		1			1	6	4	+ 4
64	18		2	2			2	6	8	+ 6

Coup Nr.	Gef. Nr.	Gesetzt: R	S	Pr	I	Pa	M	Insgesamt gesetzt	Erhalten	Stand des Spiels
65	18	1		4			4	9	18	+ 15
66	16	2		8			8	18	36	+ 33
67	17	4		8			8	20	16	+ 29
68	16		2		4		8	14	16	+ 31
69	5	1		2			8	11	18	+ 38
70	34	2			1		8	11	4	+ 31
71	36	4		1		4		9	18	+ 40
72	12	8		2		8		18	20	+ 42
73	33	8		4			4	16	—	+ 26
74	6		4		2	2		8	8	+ 26
75	27		8	1			1	10	—	+ 16
76	21	4			1	1		6	12	+ 22
77	29	8			2	2		12	8	+ 18
78	34		4		4	4		12	8	+ 14
79	34	2		2		8		12	24	+ 26
80	5	4		4		8		16	8	+ 18
81	19	8			2		4	14	20	+ 24
82	5	8			4	2		14	24	+ 34
83	33	8			8		1	17	16	+ 33
84	4		4		8	1		13	8	+ 28
85	36		8	4			1	13	8	+ 23
86	16	4		8		1		13	24	+ 34
87	4	8		8			1	17	18	+ 35
88	0		4	8			2	14	—	+ 21
89	15							—	6	+ 27
90	0		4		4		2	10	—	+ 17
91	6							—	6	+ 23
92	14		4	2			2	8	8	+ 23
93	14	2		4			4	10	20	+ 33
94	32	4		8			8	20	24	+ 37
95	25	8		8		4		20	24	+ 41
96	18	8			4	8		20	16	+ 37

Coup Nr.	Gef. Nr.	Gesetzt: R	S	Pr	I	Pa	M	Insgesamt gesetzt	Erhalten	Stand des Spiels
97	32	8		2			4	14	20	+ 43
98	17	8		4		2		14	—	+ 29
99	26		4		2		1	7	8	+ 30
100	9		8	1		1		10	—	+ 20
101	34	4			1		1	6	8	+ 22
102	17	8		1		1		10	—	+ 12
103	6		4		1		1	6	10	+ 16
104	7		8	1			2	11	4	+ 9
105	30	4			1		4	9	8	+ 8
106	34	8		1		2		11	22	+ 19
107	19	8		2		4		14	24	+ 29
108	22	8			1	8		17	16	+ 28
109	16		4	1		8		13	2	+ 17
110	36	2		2			4	8	8	+ 17
111	24	4		4		2		10	12	+ 19
112	29		2	8		4		14	12	+ 17
113	32		4		4	8		16	16	+ 17
114	34	2		2		8		12	24	+ 29
115	12	4		4		8		16	16	+ 29
116	12	8		8			4	20	40	+ 49
117	14	8		8			8	24	48	+ 73
118	26	8		8			8	24	16	+ 65
119	17		4	8		4		16	8	+ 57
120	31		8		4		2	14	24	+ 67
121	4		8		8	1		17	16	+ 66

Das bei der starren Methode Verlorene wurde zurückgewonnen und darüber hinaus die v e r r i n g e r t e Gewinnerwartung erfüllt.

Anschließend soll noch an der gleichen Permanenz vorgeführt werden, mit welcher Rasanz die bewegliche Methode, wäre sie sofort angewendet worden, zu einem hohen Plus geführt hätte.

Wer mit einer dieser beiden Methoden beginnt und verliert, braucht also nicht gleich die Flinte ins Korn zu werfen. Die gezeigte Marschänderung genügt, um dem Spielverlauf einen anderen Drall zu geben.

Coup Nr.	Gef. Nr.	Gesetzt:						Insgesamt gesetzt	Erhalten	Stand des Spiels
		R	S	Pr	I	Pa	M			
1	14									
2	18	8		8			8	24	48	+ 24
3	27	8		8			8	24	16	+ 16
4	29	8			4	4		16	16	+ 16
5	31		4		8	8		20	40	+ 36
6	4		8		8	8		24	16	+ 28
7	26		8	4			4	16	24	+ 36
8	22		8	8		2		18	36	+ 54
9	15		8	8		4		20	16	+ 50
10	4		8		4		2	14	20	+ 56
11	8		8	2			4	14	28	+ 70
12	8		8	4			8	20	40	+ 90
13	2		8	8			8	24	48	+ 114
14	17		8	8			8	24	32	+ 122
15	33		8		4		8	20	16	+ 118
16	7		8		8	4		20	16	+ 114
17	19	4			8		2	14	24	+ 124
18	27	8			8	1		17	34	+ 141
19	22	8			8	2		18	4	+ 127
20	1		4	4		4		12	—	+ 115
21	5	2			2		2	6	12	+ 121
22	12	4			4		4	12	16	+ 125
23	32	8		2			8	18	20	+ 127
24	20	8		4		4		16	16	+ 127

Wenn bei dieser durchspielten Permanenz der erfolgreiche Lauf im Mitgehen mit der Bank lag, so darf der Leser dies nicht verallgemeinern. Wesentlich und entscheidend für den Erfolg ist die Tatsache, daß der methodische Wechsel schlimme Minuskurven abbiegt.

Spielsystem Nr. 11 „Verschärftes Paroli"

Der Leser wird bereits festgestellt haben, daß in den meisten der hier behandelten Spielmethoden das Paroli eine große Rolle spielt. Die Gründe hierfür, wenn auch nicht alle, sind in dem System „J u n g" eingehend behandelt worden.

Natürlich soll anerkannt werden, daß ein Paroli, oder vielleicht gar noch ein mehrfaches, nicht jedem leicht fällt. Abgesehen von jenen beherzten, kaltblütigen Parolispielern, die ohne mit der Wimper zu zucken, den Gewinn auf einer Einfachen Chance drei-, viermal stehen lassen, ist es für die meisten eine Qual, Satz und Gewinn nochmals ins „F e u e r" zu schicken. Daß die psychologische Ursache hierfür nicht lediglich im einzugehenden Risiko liegt, wird durch die Tatsache bewiesen, daß Bac-Spieler, die als Bankhalter ohne weiteres fünf Coups ausgeben, an der Roulette schon beim ersten Paroli zögern. Die Ursache hierfür liegt nicht im Risiko, sondern im „U n t ä t i g - S e i n - M ü s s e n" beim Roulette-Paroli. Der Bac-Spieler kann „H a n t i e r e n", der Roulettespieler dagegen kann höchstens die Sprünge der Elfenbeinkugel verfolgen.

In diesem Abschnitt wird eine Methode behandelt, die zu den sogenannten klassischen Paroli-Arten gehört. Außer den verlangten zwei Paroli, erfordert sie noch ein Zusetzen zum Gewonnenen. Dadurch wird der P a r o l i - E f f e k t erheblich verstärkt. Es ist das Charakterische an dieser Methode, daß sie, wie keine andere, zahlreiche Möglichkeiten i n d i v i d u e l l e r Weiterentwicklung offen läßt.

Man kann sie zur Basis eines G r o ß s p i e l s machen, man kann ihre Struktur aber auch für ein bescheidenes R e n t e n s p i e l verwenden. Der Kapitalbedarf dieses Systems läßt sich jedem Geldbeutel anpassen. Um ganz klar zu sehen, sollen die Möglichkeiten der Methode zunächst nach den Gewinnerwartungen und Risiken klassifiziert werden. Es kann gespielt werden:

1. Version A, als Rentenspiel mit einer Gewinnerwartung von höchstens 20 Einheiten bei einem Spielkapital von 100 Einheiten.

2. Version B, als Mittelspiel mit einer ungefähren Gewinnerwartung von 100 Einheiten und einem Spielkapital von 400 Einheiten.

3. Version C, als Großspiel mit hoher Gewinnerwartung und einem entsprechenden Spielkapital.

Beschäftigen wir uns zunächst mit der Version A dieses Systems. Sie gibt sicheren kleinen Gewinn bei niedriger Investition, verlangt aber große Opfer an Zeit.

Bei der Renten-Version wird nämlich in Intervallen gespielt. Es kann vorkommen, daß sich die Zeit des fiktiven Spiels, also die Zeit, in der nur geschrieben wird, sehr in die Länge zieht.

Nun zur Setztechnik.

Wie schon erwähnt, werden drei Einfache Chancen gleichzeitig gespielt und zwar mit der Bank. Immer wird nur eine Einheit gesetzt, wohlgemerkt auch zum Gewonnenen. Das sieht dann so aus:

1. Coup	gesetzt:	1 Einh.
	erhalten:	2 Einh.
	zugesetzt:	1 Einh.
2. Coup	gesetzt:	3 Einh.
	erhalten:	6 Einh.
	zugesetzt:	1 Einh.
3. Coup	gesetzt:	7 Einh.
	erhalten:	14 Einh.

Sobald der Satz einer Chance auf 14 Einheiten angewachsen ist, werden 13 abgezogen. Bei dieser Methode müssen also immer, ganz gleich, ob gewonnen oder verloren wurde, je Coup 3 Einheiten gesetzt werden.

Bei der Version A wird das Intervall angewendet. Es muß so lange fiktiv gespielt werden, bis sich auf dem Papier ein Minus von 20 Einheiten zeigt. Dann setzt das praktische Spiel ein. Bei 10 gewonnenen Einheiten endet es, um nochmals 20 fiktiv verlorene Einheiten abzuwarten. Hierauf folgt das zweite Spiel-Intervall mit dem Ziel, weitere 10 Einheiten zu gewinnen. Gelingt dies, so ist das Spiel zu beenden.

Als Lehrbeispiel die folgende Permanenz vom 11. 9. 1954 Bad Neuenahr:

Coup Nr.	Gef. Nr.	Gesetzt: R	S	Pr	I	Pa	M	Insgesamt gesetzt	Erhalten	Stand des Spiels
1	34									
2	22	1		1		1		3	4	+ 1
3	35		1	3		3		7	8	+ 2
4	0		3		1	7		11	—	— 9
5	16							—	—	— 9
6	22	1		1			1	3	2	— 10
7	11		1	3		1		5	2	— 13
8	23		3		1		1	5	2	— 16
9	20	1			3	1		5	2	— 19
10	34		1	1		3		5	8	— 16
11	29	1		3		7		11	14	— 13
12	2		1		1	1		3	2	— 14
13	2		3	1			1	5	10	— 9
14	5		7	3			3	13	6	— 16
15	31	1			1		7	9	2	— 23

Hier endet das fiktive und beginnt das erste Intervall des praktischen Spiels mit dem Ziel, 10 Einheiten zu gewinnen. Der Übersicht wegen wird der Stand des Spiels von — 23 an weitergeführt.

16	14		1		1	1		3	—	— 26
17	15	1		1			1	3	2	— 27
18	27		1		1		3	5	2	— 30
19	8	1			3	1		5	—	— 35
20	9		1	1			1	3	2	— 36
21	19	1			1		3	5	4	— 37
22	7	3			3	1		7	12	— 32
23	29	7			7		1	15	14	— 33
24	4		1		1	1		3	2	— 34
25	28		3	1			1	5	8	— 31
26	17		7	3		1		11	14	— 28
27	1		1		1		1	3	4	— 27

Coup Nr.	Gef. Nr.	Gesetzt:						Insgesamt gesetzt	Erhalten	Stand des Spiels
		R	S	Pr	I	Pa	M			
28	12	1			3		3	7	8	— 26
29	31	3		1			7	11	—	— 37
30	20		1		1	1		3	4	— 36
31	20		3	1		3		7	14	— 29
32	12		7	3		7		17	6	— 40
33	10	1		7			1	9	16	— 33
34	29		1	1			3	5	2	— 36
35	5		3		1	1		5	2	— 39
36	10	1			3		1	5	2	— 42
37	9		1	1			3	5	6	— 41
38	7	1			1		7	9	18	— 32
39	20	3			3		1	7	—	— 39
40	19		1	1		1		3	2	— 40
41	25	1			1	3		5	10	— 35
42	20	3			3	7		13	14	— 34
43	36		1	1		1		3	4	— 33
44	19	1		3		3		7	8	— 32
45	0	3			1	7		11	—	— 43
46	6							—	—	— 43
47	20		1	1			1	3	4	— 42
48	27		3	3		1		7	2	— 47
49	18	1			1	3		5	2	— 50
50	8	3		1			1	5	4	— 51
51	10		1	3			3	7	14	— 44
52	28		3	7			7	17	20	— 41
53	30		7	1		1		9	4	— 46
54	36	1		3		3		7	14	— 39
55	16	3		7		7		17	20	— 36
56	14	7		1			1	9	18	— 27
57	19	1		3			3	7	2	— 32
58	4	3			1	1		5	—	— 37
59	32		1	1			1	3	2	— 38

Coup Nr.	Gef. Nr.	Gesetzt:						Insgesamt gesetzt	Erhalten	Stand des Spiels
		R	S	Pr	I	Pa	M			
60	23	1		3		1		5	4	— 39
61	9	3			1	3		7	8	— 38
62	24	7			3		1	11	—	— 49
63	36		1	1		1		3	4	— 48
64	21	1		3		3		7	8	— 47
65	0	3			1	7		11	—	— 58
66	1							—	4	— 54
67	5	3			1		1	5	10	— 49
68	34	7			3		3	13	14	— 48
69	34	1		1		1		3	6	— 45
70	32	3		3		3		9	18	— 36
71	10	7		7		7		21	14	— 43
72	17		1	1			1	3	4	— 42
73	15		3		1		3	7	14	— 35
74	26		7		3		7	17	14	— 38
75	13		1	1		1		3	2	— 39
76	9		3		1		1	5	4	— 40
77	18	1			3		3	7	8	— 39
78	6	3		1			7	11	16	— 34
79	11		1	3			1	5	4	— 35
80	3		3		1		3	7	8	— 34
81	2	1			3		7	11	14	— 31
82	10		1	1			1	3	6	— 28
83	1		3	3			3	9	6	— 31
84	11	1			1		7	9	16	— 24
85	13		1		3		1	5	10	— 19
86	9		3		7		3	13	20	— 12

Bis zu diesem Coup, also insgesamt 71 Spiele, waren bei der Version A zu spielen um 10 Einheiten zu gewinnen. Das war an sich ein beschwerlicher Weg und ein bescheidenes Ergebnis. Aber es ist ja ein R e n t e n s p i e l. Der tiefste Minusstand wurde bei Coup Nr. 65 erreicht. Er betrug 35 Einheiten. Gemessen an dieser sehr ungünstigen Permanenz ist dies nicht viel. Es beweist aber, daß ein Spielkapital von 100 Einheiten ausreicht.

Von Coup Nr. 87 an, wird nur geschrieben bis ein Minusstand von ungefähr 33 erreicht ist. Dann beginnt der zweite Angriff, der die Gewinnerwartung von insgesamt 20 Einheiten erfüllen soll.

Coup Nr.	Gef. Nr.	Gesetzt:						Insgesamt gesetzt	Erhalten	Stand des Spiels
		R	S	Pr	I	Pa	M			
87	13	1			1		1	3	4	— 11
88	34		1		3		3	7	—	— 18
89	25	1		1		1		3	4	— 17
90	30	3			1	3		7	12	— 12
91	12	7		1		7		15	16	— 11
92	26	1		3			1	5	6	— 10
93	32		1	7		1		9	16	— 3
94	32	1		1		3		5	10	+ 2
95	27	3		3		7		13	20	+ 9
96	20	7			1	1		9	2	+ 2
97	35		1	1		3		5	8	+ 5
98	10		3		1	7		11	6	+ 0
99	8		7	1			1	9	18	+ 9
100	22		1	3			3	7	8	+ 10
101	28		3	7		1		11	22	+ 21
102	29		7	1		3		11	20	+ 30
103	1		7		1	7		9	2	+ 23
104	19	1			3		1	5	8	+ 26
105	29	3			7	1		11	16	+ 31
106	32		1		1	3		5	6	+ 32
107	25	1		1		7		9	16	+ 39
108	13	3			1	1		5	2	+ 36
109	7		1		3		1	5	8	+ 39
110	23	1			7		3	11	16	+ 44
111	21	3			1	1		5	10	+ 49
112	17	7			3	3		13	6	+ 42
113	17		1		7		1	9	18	+ 51

Coup Nr.	Gef. Nr.	Gesetzt:						Insgesamt gesetzt	Erhalten	Stand des Spiels
		R	S	Pr	I	Pa	M			
114	30		3		1		3	7	—	+ 44
115	25	1		1		1		3	4	+ 45
116	32	3			1	3		7	12	+ 50
117	19	7		1		7		15	28	+ 63
118	24	1			1	1		3	2	+ 62
119	2		1	1		3		5	4	+ 61
120	12		3	3			1	7	8	+ 62
121	19	1		7			3	11	2	+ 53
122	10	3			1	1		5	—	+ 48
123	36		1	1			1	3	2	+ 47
124	18	1		3		1		5	8	+ 48
125	33	3		7			1	11	—	+ 39
126	26		1		1	1		3	4	+ 40
127	30		3	1		3		7	8	+ 41
128	21	1		3		7		11	16	+ 46
129	25	3			1	1		5	10	+ 51
130	24	7			3	3		13	6	+ 44
131	8		1	1		7		9	4	+ 39
132	24		3	3			1	7	12	+ 44
133	33		7	7		1		15	16	+ 45
134	9		1		1	3		5	2	+ 42
135	8	1			3		1	5	2	+ 39
136	15		1	1			3	5	8	+ 42
137	23		3		1		1	5	2	+ 39
138	35	1			3	1		5	8	+ 42

Das fiktive Spiel, wie es die Version A vorschrieb, mußte hier abgebrochen werden. Der Spielverlauf war so günstig, daß bis zu diesem Punkt kein Minusstand eintrat. Deshalb konnte der vorsichtige Rentenspieler nicht mehr zum Zuge kommen. Er mußte sich mit einem Gewinn von 10 Einheiten begnügen, oder aber noch länger auf seinen Einsatz warten.

An der gleichen Permanenz sollen jetzt die Möglichkeiten, die dieses System als Großspiel bietet, vorgeführt werden. Bei einem solchen fällt das fiktive Spiel, also das Abwarten weg. Dafür wird folgende Änderung eingeschaltet: Sobald ein Minusecart eintritt und der Stand des Spieles einen Rückgang um etwa 20 Einheiten aufweist, setzt eine kleine Progression ein. Es wird so lange in doppelter Höhe gesetzt, bis das entstandene Minus getilgt ist. Verschlechtert sich der Stand des Spiels während der Doppelsätze weiter, so, daß gegenüber dem letzten Höchststand eine Verschlechterung von etwa 60 Punkten eingetreten ist, dann wird der Satz nochmals verdoppelt. Höher wird nicht progressiert. Im letzteren Falle müßten also anstatt der ursprünglichen drei Einheiten die später auf 6 erhöht wurden, jetzt 12 Einheiten gesetzt werden. Es ist streng darauf zu achten, daß nach Beseitigung des Minusstandes zum Ursprungssatz zurückgekehrt wird. Über die Möglichkeiten, die ein solches Verfahren bietet, unterrichtet die jetzt durchzuspielende Permanenz. Es ist die gleiche, die bei der Version A angewendet wurde.

Coup Nr.	Gef. Nr.	Gesetzt:						Insgesamt gesetzt	Erhalten	Stand des Spiels
		R	S	Pr	I	Pa	M			
1	34									
2	22	1		1		1		3	4	+ 1
3	35		1	3		3		7	8	+ 2
4	0		3		1	7		11	—	— 9
5	16							—	—	— 9
6	22	1		1			1	3	2	— 10
7	11		1	3		1		5	2	— 13
8	23		3		1		1	5	2	— 16
9	20	1			3	1		5	2	— 19
10	34		1	1		3		5	8	— 16
11	29	1		3		7		11	14	— 13
12	2		1		1	1		3	2	— 14
13	2		3	1			1	5	10	— 9
14	5		7	3			3	13	6	— 16
15	31	1			1		7	9	2	— 23

Da bis hierher 23 Einheiten verloren gingen, muß vom nächsten Coup an in doppelter Höhe gespielt werden.

Coup Nr.	Gef. Nr.	Gesetzt:						Insgesamt gesetzt	Erhalten	Stand des Spiels
		R	S	Pr	I	Pa	M			
16	14		2		2	2		6	—	— 29
17	15	2		2			2	6	4	— 31
18	27		2		2		6	10	4	— 37
19	8	2			6	2		10	—	— 47
20	9		2	2			2	6	4	— 49
21	19	2			2		6	10	8	— 51
22	7	6			6	2		14	24	— 41
23	29	14			14		2	30	28	— 43
24	4		2		2	2		6	4	— 45
25	28		6	2			2	10	16	— 39
26	17		14	6		2		22	28	— 33
27	1		2		2		2	6	8	— 31
28	12	2			6		6	14	16	— 29
29	31	6		2			14	22	—	— 51
30	20		2		2	2		6	8	— 49
31	20		6	2		6		14	28	— 35
32	12		14	6		14		34	12	— 57
33	10	2		14			2	18	32	— 43
34	29		2	2			6	10	4	— 49
35	5		6		2	2		10	4	— 53
36	10	2			6		2	10	4	— 59
37	9		2	2			6	10	12	— 57
38	7	2			2		14	18	36	— 39
39	20	6			6		2	14	—	— 53
40	19		2	2		2		6	4	— 55
41	25	2			2	6		10	20	— 45
42	20	6			6	14		26	28	— 43
43	36		2	2		2		6	8	— 41
44	19	2		6		6		14	16	— 39
45	0	6			2	14		22	—	— 61
46	6							—	—	— 61

Wie in der Erläuterung angegeben. verlangt der erhebliche Minusstand von hier an ein nochmaliges Verdoppeln des Satzes.

Coup Nr.	Gef. Nr.	Gesetzt:						Insgesamt gesetzt	Erhalten	Stand des Spiels
		R	S	Pr	I	Pa	M			
47	20		4	4			4	12	16	— 57
48	27		12	12		4		28	8	— 77
49	18	4			4	12		20	8	— 89
50	8	12		4			4	20	16	— 93
51	10		4	12			12	28	56	— 65
52	28		12	28			28	68	80	— 53
53	30		28	4		4		36	16	— 73
54	36	4		12		12		28	56	— 45
55	16	12		28		28		68	80	— 33
56	14	28		4			4	36	72	+ 3

Der Minusecart ist jetzt ausgeglichen. Das Spiel wird von hier an in der ursprünglichen Höhe fortgesetzt.

57	19	1		1			1	3	2	+ 2
58	4	3			1	1		5	—	— 3
59	32		1	1			1	3	2	— 4
60	23	1		3		1		5	4	— 5
61	9	3			1	3		7	8	— 4
62	24	7			3		1	11	—	— 15
63	36		1	1		1		3	4	— 14
64	21	1		3		3		7	8	— 13
65	0	3			1	7		11	—	— 24
66	1							—	4	— 20

Der Stand des Spieles hat sich von + 3 auf — 20 verschlechtert. Dies verlangt vom nächsten Coup an, den Doppelsatz.

67	5	2			2		2	6	12	— 14
68	34	6			6		6	18	12	— 20
69	34	14		2		2		18	36	— 2
70	32	2		6		6		14	28	+ 12

Diese vier Coups haben das entstandene Minus getilgt. In normaler Höhe nimmt das Spiel seinen Fortgang.

Coup Nr.	Gef. Nr.	Gesetzt: R	S	Pr	I	Pa	M	Insgesamt gesetzt	Erhalten	Stand des Spiels
71	10	1		1		1		3	2	+ 11
72	17		1	3			1	5	4	+ 10
73	15		3		1		3	7	14	+ 17
74	26		7		3		7	17	14	+ 14
75	13		1	1		1		3	2	+ 13
76	9		3		1		1	5	4	+ 12
77	18	1			3		3	7	8	+ 13
78	6	3		1			7	11	16	+ 18
79	11		1	3			1	5	4	+ 17
80	3		3		1		3	7	8	+ 18
81	2	1			3		7	11	14	+ 21
82	10		1	1			1	3	6	+ 24
83	1		3	3			3	9	6	+ 21
84	11	1			1		7	9	16	+ 28
85	13		1		3		1	5	10	+ 33
86	9		3		7		3	13	20	+ 40
87	13	1			1		7	9	16	+ 47
88	34		1		3		1	5	—	+ 42
89	25	1		1		1		3	4	+ 43
90	30	3			1	3		7	12	+ 48
91	12	7		1		7		15	16	+ 49
92	26	1		3			1	5	6	+ 50
93	32		1	7		1		9	16	+ 57
94	32	1		1		3		5	10	+ 62
95	27	3		3		7		13	20	+ 69
96	20	7			1	1		9	2	+ 62
97	35		1	1		3		5	8	+ 65
98	10		3		1	7		11	6	+ 60
99	8		7	1			1	9	18	+ 69
100	22		1	3			3	9	8	+ 70
101	28		3	7		1		11	22	+ 81
102	29		7	1		3		11	20	+ 90

Coup Nr.	Gef. Nr.	Gesetzt: R	S	Pr	I	Pa	M	Insgesamt gesetzt	Erhalten	Stand des Spiels
103	1		1		1	7		9	2	+ 83
104	19	1			3		1	5	8	+ 86
105	29	3			7	1		11	16	+ 91
106	32		1		1	3		5	6	+ 92
107	25	1		1		7		9	16	+ 99
108	13	3			1	1		5	2	+ 96
109	7		1		3		1	5	8	+ 99
110	23	1			7		3	11	16	+104

Um 104 Einheiten zu gewinnen, mußten nach dieser Permanenz 110 Coups gespielt werden. Den tiefsten Minusstand brachte der Coup Nr. 50 mit 93 Einheiten. Alles in allem kann man das Ergebnis als sehr befriedigend bezeichnen.

Eingangs wurde der Leser darauf hingewiesen, daß dieses System zahlreiche Möglichkeiten individueller Weiterentwicklung bietet. Bringt man Spielkapital und Gewinnerwartung immer in ein richtiges Verhältnis, so besteht nie Gefahr, daß durch die Varietät dieser Methode die Erfolgsaussichten gemindert werden.

Auf einige der Varianten soll hier hingewiesen werden.

1. Das System kann starr gespielt werden. In diesem Falle bringt die Dreierserie den Gewinn, der beim beweglichen Spiel nur mit der Viererserie erreicht wird.
2. Es kann beweglich auf eine Zweierserie gespielt werden.
3. Durch Spiel gegen die Bank kann das Intermittieren durch Zweier- oder Dreierserien erfaßt werden.
4. Mit dem praktischen Spiel kann in kurzen Intervallen begonnen werden, etwa in der Art, daß nach jedem fiktiven Totalverlust nur drei Coups gespielt werden.

Mit aller Entschiedenheit sei jedoch darauf hingewiesen, daß dieses System nicht jene Spieler ansprechen soll, die „en passant“ einige Sätze machen wollen. Denn hier, wie in allen anderen angeführten Systemen, müßte das so oft gebrauchte Wort „Spiel“ besser durch den Begriff „konzentrierte Arbeit“ ersetzt werden.

Tabelle der Nebennummern

12	35	3	26	0	32	15	19	4
5	24	16	33	1	20	14	31	9
15	19	4	21	2	25	17	34	6
7	28	12	35	3	26	0	32	15
0	32	15	19	4	21	2	25	17
30	8	23	10	5	24	16	33	1
2	25	17	34	6	27	13	36	11
9	22	18	29	7	28	12	35	3
13	36	11	30	8	23	10	5	24
1	20	14	31	9	22	18	29	7
11	30	8	23	10	5	24	16	33
6	27	13	36	11	30	8	23	10
18	29	7	28	12	35	3	26	0
17	34	6	27	13	36	11	30	8
16	33	1	20	14	31	9	22	18
3	26	0	32	15	19	4	21	2
23	10	5	24	16	33	1	20	14
4	21	2	25	17	34	6	27	13
14	31	9	22	18	29	7	28	12
26	0	32	15	19	4	21	2	25
24	16	33	1	20	14	31	9	22
32	15	19	4	21	2	25	17	34
20	14	31	9	22	18	29	7	28
36	11	30	8	23	10	5	24	16
8	23	10	5	24	16	33	1	20
19	4	21	2	25	17	34	6	27
28	12	35	3	26	0	32	15	19
25	17	34	6	27	13	36	11	30
22	18	29	7	28	12	35	3	26
31	9	22	18	29	7	28	12	35
27	13	36	11	30	8	23	10	5
33	1	20	14	31	9	22	18	29
35	3	26	0	32	15	19	4	21
10	5	24	16	33	1	20	14	31
21	2	25	17	34	6	27	13	36
29	7	28	12	35	3	26	0	32
34	6	27	13	36	11	30	8	23